ミニバン車中泊バイブル

改訂版

稲垣朝則 著

マイナビ

車中泊なら、
やりたいことが
今よりもっと楽しめる！

いざ、「名峰」へ。
車中泊なら
日本百名山「完全制覇」も
夢じゃない。

全国から登山愛好家が集まる北アルプスの周辺には、車中泊ができる駐車場が数多くある。まずはそこで長旅の疲れを癒やし、翌朝リフレッシュしたカラダで頂上を目指すといい。

T GRIP

温泉天国「九州」へ。
車中泊なら、家族があっと驚く温泉めぐりも夢じゃない。

蒸し湯で知られる杖立温泉、ユニークな家族風呂がそろうわいた温泉郷、
そして入湯手形で名宿のお湯に浸かれる黒川温泉。このように九州には、
車中泊で温泉旅の醍醐味が味わえるスポットがたくさんある。

憧れの「北海道」へ。
車中泊なら、桜前線とともに北上し、
紅葉前線とともに南下する旅も
夢じゃない。

北海道には無料または低料金で利用できるオートキャンプ場が点在し、車中泊で長期滞在しやすい環境が整っている。そこでは自炊や洗濯に加え、ほかの旅行者との情報交換や親睦も行なわれている。

MENU
W
T

さあ、ミニバン車中泊の扉を開こう。

はじめに

車中泊を楽しむ人が、いまなお増え続けています。車や道の駅などのインフラの整備や、出版物の発刊、携帯端末用のアプリのリリースなども増え、車中泊を取り巻く環境は、本書の初版を発刊した当初（２００７年）のころとは比べものにならないほど充実しています。

しかしながら、食事、チェックイン・チェックアウト、あるいは公共交通機関の利用など、時間に拘束されがちなホテルや旅館での宿泊と違って、それらに縛られることなく、自由気儘《きまま》に行動ができる車中泊は、昔から親しまれてきた旅のスタイルであることに違いはありません。

朝まずめの波に向かってキャスティングする釣り人や、曙の美しい光を極上のアングルから狙うカメラマン、あるいは用心深い野生の営みを垣間見ようとするバードウォッチャーたち。彼らにとっての車中泊とは、今も昔も「フィールドに泊まることによって叶えられる目的のため」の手段にすぎません。目的に向けてよりアクティブに行動するには、テントを張るより、車で寝た方が都合が良いから……。

つまり、車中泊をうまく使えば、自分のやりたいことが今よりもっと楽しめるのです。

本書を手にした多くの人は、今、乗っているミニバンあるいは、お気に入りのミニバンで、車中泊を始めたいという希望をお持ちだと思います。高い走行性能と広い車内空間、そしてフルフラットシートを搭載しているミニバンは、確かに車中泊に向いた一面を持っています。しかし、長距離ドライブに耐えられる乗り心地の良さと、ベッドとしての寝心地の良さが両立できるシートを備えた車種は、いまだほんのわずかしかありません。言い換えれば、ほとんどのミニバンは最初に寝やすくするための工夫が必要です。

しかし、それを解決することは、決して難しいことではありません。ただ車中泊を続けていけば、今度は就寝時の熱さや寒さ・荷物の収納・食事・洗濯・ゴミの処理といった様々な障害に直面することでしょう。もちろんこの本には、そういった事態への処方箋も記されていますが、これらの障害を乗り越えるには、知恵と知識だけでは不十分です。

ミニバン車中泊を続けるうえで、もっとも大事なことは「動機」です。多少不自由な思いをしてでも、やってみたいことがある！　あるいは訪ねてみたい場所がある！　目的が鮮明であるほど、車中泊という宿泊手段は生きてきます。ぜひ最初に、そのことをご理解いただき、本書を読んでいただければ幸いです。

ミニバン車中泊バイブル

CONTENTS

第三章

第四章

快適車中泊の構築術

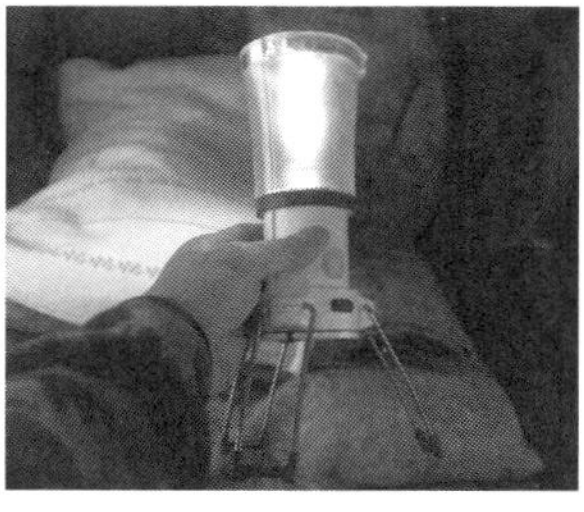

第七章

車中泊で行く北海道の旅マニュアル

装幀＝保坂一彦
装画＝千野エー
ＤＴＰ＝タクトシステム

第一章

車中泊のメリットとデメリット

マイペースだからストレスなし

時間も場所も自由自在！
すべてがもっと楽しくなる!!

旅をする、キャンプをする、マリンスポーツやスキーといったレジャーを楽しむ……。車中泊の最大のメリットは「制約がほとんどなく自由である」ということです。車中泊を行なっている人は、そのメリットを大きく分けて2つの局面で生かしています。

ひとつは宿泊する場所です。トイレさえ気にしなければ、禁止された場所以外なら、どこに車を停めて寝てもかまいません。上高地や立山黒部アルペンルートのような、パーク&ライドスタイルの観光地には、車中泊を認めている有料駐車場もありますし、駅や港、あるいは公園の駐車場が使えることもあります。また、高速道路のサービスエリアやパーキングエリア、一般道路にある〝道の駅〟は、もちろん無料で利用することができます。

もうひとつは時間です。鉄道のように始発や最終の時刻が決まっているわけではないので、常に自分たちのペースで動くことができ、目的に応じた最適なスケジュールを組むことができます。たとえば、週末にスキーを楽しむ場合。

ゲレンデの駐車場では、センターハウス近くのフラットなところに車を停めれば、よく眠れて、トイレも近いので便利。

鉄道を利用するなら、土曜日の早朝、まだ暗いうちに起きて自宅を出発し、眠い目を擦《こす》りながら始発に乗り込んで、スキー場を目指さなければいけません。でも、車中泊を利用するなら、金曜日の夜に家を出て車を運転し、スキー場を目指すことができます。眠くさえならなければ、その日のうちに現地に到着できるかもしれません。また、宵が深まる前に現地に辿り着くことができれば、日中に溶けた雪が凍結する前に山道を走り終えることができるので安全です。スキー場に早く着いた場合は、駐車場で車中泊ができるので、翌日の早朝から思いっきりスキーを楽しむことができます。

車中泊に興味を抱き、これから始めてみようと考えている人の中には、中高年の方もたくさんいるでしょう。車中泊は、ベッドメイキングさえしっかりすれば、いつでも横になって寝ることができるので、事故のもとになる疲労の蓄積を未然に防げます。宿泊費がかからない、安く旅ができるというのもよくいわれますが、それは自分たちが宿のスタッフの代わりにベッドメイキングなどの労働をしたり、車に投資して装備を揃えたからこそ受けられる恩恵であって、本当にメリットと呼べるかどうかは、少し疑問です。

むしろ、安全であるとか、やりたいことをもっと楽しめる、あるいは同じ趣味を持つ人々との出会いが広がるといった、目には見えない付加価値に、車中泊の良さを見出していく方が、私は多くの喜びを得られるのではないかと思います。

車中泊なら、絶景の夕日も気軽に楽しめます。

ミニバンだからできること

機動力とシートへの細工で、快適な睡眠を実現する

ホテルや旅館では、部屋やサービスが気に入らないからといって、簡単に別のところに鞍替えすることはできません。しかし、車中泊では予定していた宿泊地でも、現地の環境や気象状況などから不適切だと判断したら、自由に場所を変更することができます。具体的には、目的の道の駅に着いてみると、駐車スペースが通行量の多い国道沿いに作られていた……。あるいはスキー場の駐車場で連泊するつもりだったが、2日目に大雪警報が発令された……。言い換えれば、車中泊では、常にそういうケースがあることを想定しておくことが大切なのです。市販のミニバンの防音や断熱性能は、本格的なキャンピングカーには遠く及びません。しかしその反面、小回りが利き、足回りも優れているので、移動することはそれほど苦にならないはずです。状況を観察し、不快感や危険から身を守るために機動力を生かすことは、ミニバンでの車中泊を快適に楽しむための重要なスキルです。

キャンピングカーと市販のミニバンの最も大きな違いは就寝機能、つまりベ

一度駐車しても、同じパーキング内でより快適な場所が見つかったときは、気軽に移動しましょう。

ッドです。ミニバンのシートはフルフラットにできますが、それは横になれるというだけで、とても快適に眠れるというレベルではありません。むしろステーションワゴンの荷台のほうが、フラットという点では優れています。ミニバンのシートは、座る人の体にフィットするように作られているので、背もたれを後ろに倒してフルフラットにしても、どうしてもデコボコができてしまうのです。ミニバンで車中泊をしている人の中には、そのデコボコを座布団やキャンピングマットで均《なら》して寝ている人もいるようです。しかしそのような方法では、1～2泊程度の車中泊なら耐えることができても、1週間を超えるような長期の旅では、腰や背中が痛くなってしまうことでしょう。もし車中泊で長旅をしたいと考えているのであれば、多少は車に手を加えた方がいいと思います。私流のベッドメイキングについては、74頁に掲載しているので参考にしてみてください。

快適に就寝するために、もうひとつ大切なことが乗車人数です。一般的なミニバンで車中泊をする場合は大人2名が最適で、子供が幼稚園や小学生くらいなら3名でも何とか収まると思います。4名だと、下記の写真のような屋根の上にも寝られるポップアップルーフを備えた車を選ぶべきでしょう。旅やレジャーには、着替えや遊び道具などのさまざまな荷物も必要です。出かける前に、一度それらの荷物を車に積み込み、寝床が確保できるか試してみましょう。収まらなければ計画は絵に描いた餅になってしまいます。

屋根裏部屋が作れる機能がポップアップルーフです。私が乗っていたボンゴフレンディは2005年で製造を終了しましたが、キャンピングカーショーに行けば、専門業者がミニバンを改造したモデルを販売しています。

最大の敵は、暑さと寒さ

自然の力とアウトドアの知恵を生かして対処する

私はこれまで、多くの人から車中泊を行なう際の疑問点や問題の解決方法を相談されてきました。その中で一番多かった質問が、車中泊時の暑さと寒さの対策です。結論から言えば、暑さについては「車中泊をしたい場所で、涼しく眠る方法を模索するのではなく、涼しく眠れる場所に行く」ことです。

具体的には、標高の高い場所にある道の駅や、車窓に取り付けるカー網戸でも安心して寝られるオートキャンプ場を利用しましょう。また最近は充電機能のついた扇風機があり、満充電なら3時間ほど稼働します。寝苦しさを緩和する程度とはいえ、サブバッテリーのないミニバンでも手軽に使える製品です。

なお、エンジンをかけてカーエアコンを長時間利用するのは、脱水症などで身の危険を感じたときなどの非常時だけにとどめてください。また、オートキャンプ場以外でカー網戸を利用するのも防犯上おすすめできません。ただ車中泊の暑さ対策が広く認知されてきた近年では、もうそのような車中泊旅行者はほとんど見かけなくなりました。

内蔵バッテリーと交流100Vのツーウェイで稼働する薄型の扇風機。自宅で充電してから持参すれば、1泊なら十分使えます。また、カー用品店で手に入るインバーターがあれば、走行中にメインバッテリーから充電して利用することも可能です。

次は寒さ対策です。日ごろ、私たちは寒くなると「暖房」に頼りがちですが、野外では「防寒」が基本です。車中泊時に防寒するのは車と人で、車は冷気が侵入してくる窓ガラスに、ウレタンマットなどを内張りすると効果的です。車外からの冷気を遮断するとともに、車内の暖気を逃さない工夫をすれば、車内がどんどん冷え込むスピードを格段に遅らせることができます。

次に人の防寒に有効なのは「重ね着」です。ヒートテックなどのインナーウエアに、マイクロフリースと薄手のインナーダウンを着用すれば動きやすく暖かいでしょう。さらにキャップとソックスなどを併用すれば、ブランケットを掛けるだけでゆったり過ごせます。なおジャケットなどで荷物がかさばる冬は、小さく畳める寝袋が機能的でおすすめです。

封筒型のシュラフは、写真のように1人で使えるだけでなく、サイドのファスナーを広げるとダブルサイズの、かけ布団のように使うことができるスグレモノです。

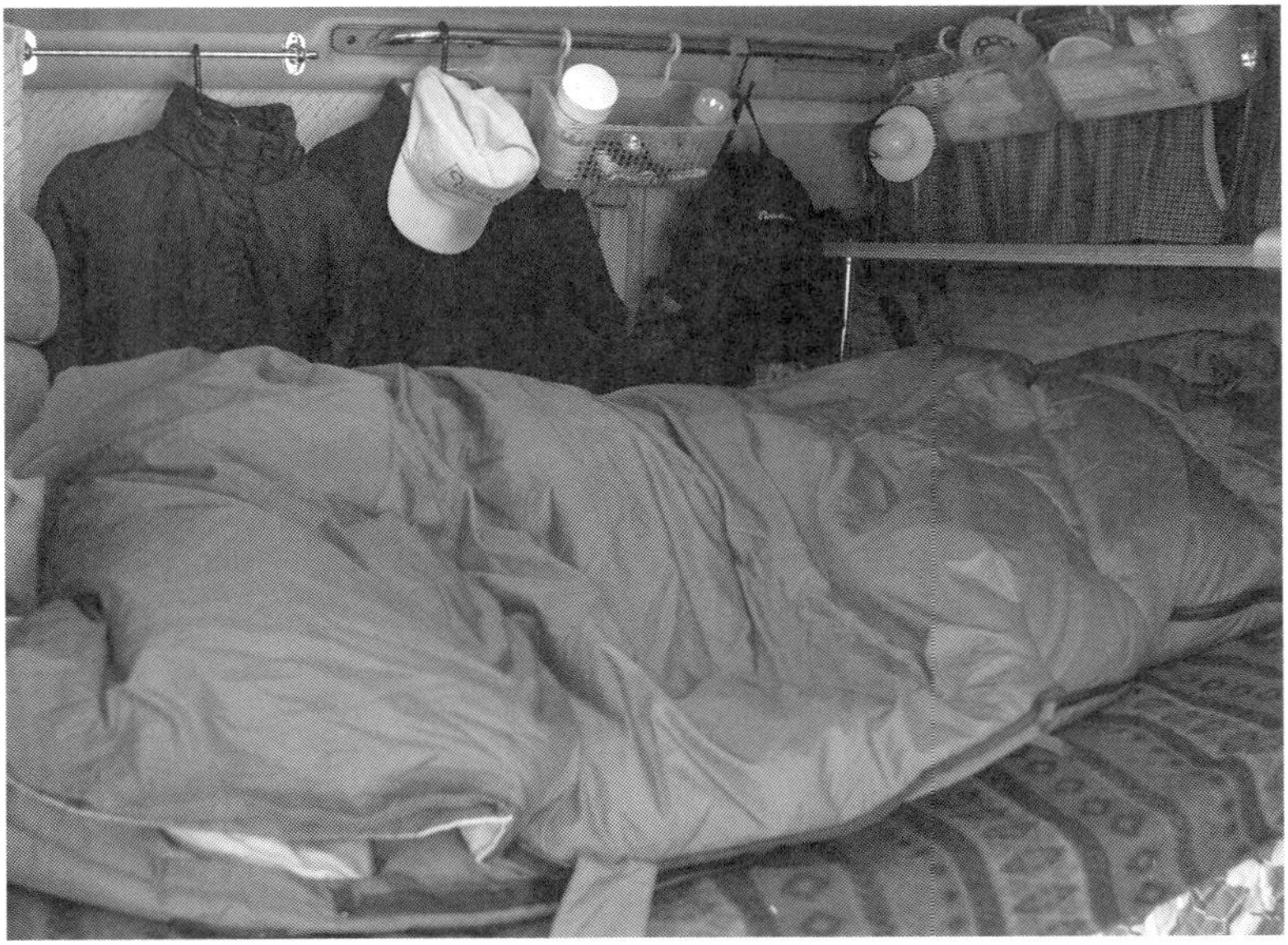

車中泊とオートキャンプ

正しく理解し、うまく使い分ければ車旅はもっと楽しくなる

これから車中泊を始める人のために、改めて車中泊とはどういう行為を指すのかを、ここで詳しく説明しましょう。

車中泊とは単純に車の中で寝ることですが、どこの道の駅やサービスエリアでも、長距離トラックの運転手と同じように、お弁当などの調理済み食品を、車内で食べる程度は容認されています。

それに対し、車の横やバックドア後方のスペースに椅子やテーブルを出して調理や飲食をしたり、水場で食器を洗ったり、洗濯をすることをキャンプ行為、あるいはオートキャンプと呼びます。こちらは車中泊に比べると、できるところがかなり限られます。

ミニバン向きのバックドアキッチンを利用したオートキャンプスタイル。

大事なことは、私達が泊まる場所に応じて「車中泊」と「キャンプ行為」を正しく使い分けることです。ただし今は「車中泊」という言葉の定義が、その地域の住民・マスコミ・施設のスタッフ・施設の利用者、そして車中泊をしている当事者たちに、正しく理解されているかどうかは分かりません。しかし、理想は誰もがこの2つの違いを理解し、各々が納得できる妥協点を見出すことで、ロケーションに応じた正しい使い分けができるよう線引きをすることです。そうすれば、昨今、問題視されている車中泊のマナー違反も、必然的に解消されていくことでしょう。

実際に道の駅の中には、正規のサービスとして電源と炊事場を無料開放しているところがありますし、バックドアの後方に椅子とテーブルを出して食事をすることを許可してくれる施設もあります。本来、道の駅の禁止事項は各々の駅長の判断に委ねられているのですが、今は「道の駅では一律キャンプ行為禁止」と思い込んでいる人が多いようです。ただ、そのような世論に逆らってまで、道の駅でのキャンプ行為にこだわる必要はありません。

確かに、車中泊の旅で見つけた旬の食材を、好みの料理法でいただくのは楽しいことです。しかし車内にキッチンを持つキャンピングカーとは違い、ミニバンにはそのための外部環境が必要です。ただ道の駅がダメでも、探せば無料や低料金のキャンプ場など、自炊ができる施設は見つかるものです。ぜひ車中泊とオートキャンプをうまく使い分けて、味のある車旅を楽しんでください。

タイザガニで知られる京都府京丹後市のてんきてんき丹後オートキャンプ場で過ごす夜。キャンプ場ならゴミの処分ができるのでカニもお腹いっぱい食べられます。

キャンピングカーかミニバンか……。乗り換えるなら、どっち!?

みなさんの中には、これから車中泊を始めるにあたって、車を乗り換えようと考えている人もいるでしょう。そこでキャンピングカーと市販のミニバンの違い、そして車中泊に使うミニバン選びのポイントについて、簡単に説明しておきたいと思います。

世間一般にキャンピングカーと呼ばれているのは、キャンプに使用する特殊用途自動車として道路交通法に定められた細かな構造要件を満たしている8ナンバー車両のことです。かつては乗用車に比べて税金が安かったため、違法改造車が多かったのですが、2003年に構造要件が改正され、洗面台機能を使うには床から天井まで1メートル60センチ以上の空間が必要となりました。その結果、市販のミニバンを改造して8ナンバーを取得するのは実質的に不可能となり、キャンピングカービルダーは、ハイルーフをラインナップしている貨物車のハイエースを架装する、バン・コンバージョン（バンコン）のキャンピングカーづくりに力を入れています。

また、運転席と助手席だけを残して、居住スペースを全部作り替えてしまう

キャンピングカーに装備されている主な機能

●シンク（流し台）	●ポータブルトイレ
●ガスコンロ	●サブバッテリー
●冷蔵庫	●FFヒーター
●バンクベッド	●サイドオーニング
●テーブル	●ソーラーパネル

キャブ・コンバージョン（キャブコン）のキャンピングカーは、バンコンに比べて室内空間を広く使えることから、今でも根強い人気を保っています。

一方、ミニバンで車中泊を行なう人にとっては、車は日常生活で不自由なく使えなければいけません。つまり、車中泊をするときにどうしても欲しい機能だけ車に搭載するわけです。では、そのために知っておきたい車種選びの留意点とはどのようなことでしょうか。

ただ車内で寝られればよいと考えるのは、片手落ちです。ミニバンを車中泊に使いたいのなら、車種選びで気をつけなければいけないポイントは、就寝性と荷物積載能力の2つです。

たとえば、車中泊でスキーを楽しみたい場合。シートの下に空間があってリアから運転席まで筒抜けになっているのか、そうでないのかによって、スキー板を車内に積めるかどうかが決まります。車内に積めない場合は、自分の車に対応するキャリアやルーフラックを用意して車外に積むことになりますが、それが製造されていないこともあるのです。つまり、いくら車のスタイルや走行性能に満足できたとしても、肝心の目的が果たせない場合もあるわけです。積載能力はその車のデザインに起因し、改造や後付で付加することの難しい部分だけに、乗用車としての乗り心地や走行性に比重を置いて開発されるミニバンの場合は、特に気をつけてチェックをすべきポイントなのです。

家族4人で北海道を旅した（17泊）ときの、愛車ボンゴフレンディのパッキング。ボディーの形状がほぼスクエアなこの車は、デッドスペースをほとんど発生させず、必要な荷物をリアに収納できました。

車中泊用に改造が容易な「貨物車」という選択肢

近年は道の駅でも、軽自動車を含めて「バン」と呼ばれる「4ナンバー」の貨物車（商用車）で、車中泊をしている人をよく見かけます。その一番の理由は、運転席より後ろにある床面積の半分以上を、ベッドやラックといった貨物積載用のスペースとして使えるからです。

詳しいことは後述しますが、5または3ナンバー車の3列目シートを外して、DIYしたキッチンラックなどを載せて公道を走るには、その前に「乗車定員変更」の手続きが必要です。しかし今は、乗車定員が7人または8人で登録された車両を、5人に変更するのは容易なことではないようです。

バンには毎年車検が義務付けられているほか、車種が少なく乗り心地も悪いという短所がありますが、車内スペースの自由度を優先したい人にとっては、魅力のある選択肢です。特にハイエースのバンには、専用に開発されたベッドキットやウインドーシェードなどの車中泊用品が豊富にそろっています。

車中泊用のベッドとリアゲートラックを搭載した、ハイエース・スーパーGL。床にビスで固定したパーツは容易に着脱できるために「荷物」として認められ、このままでも車検を通すことができます。

第二章

週末に楽しむ2泊3日の車中泊の旅

計画作りの留意点

いつもと違う週末の過ごし方。2泊3日の旅に出かけよう

第一章では、車中泊についての基礎知識を学んでいただきましたが、この章では、早速、実践的な話をしようと思います。

まずはじめは、週末に2泊3日で車中泊の旅を楽しもうとしたときの計画の立て方や留意点を、旅をシミュレーションしながら解説しましょう。いつか1週間、10日と長期の旅行を計画する日が来るかもしれませんが、基本的には2泊3日をベースに考えるといいと思います。これを1クールと考え、1週間なら2クール、10日なら3クールとして組み立てれば、無理や無駄、そしてムラの出にくいスケジュールが立てられるようになります。前章ではスキー場に行くときに、「金曜日の夜に出発する」という話をしましたが、2泊3日の車中泊の旅でも、そのパターンを使います。シミュレーションの設定は、夫婦2人と子供を加えた3人家族で、自宅から200キロほど離れた湖の周辺を観光するというもの。そして、季節は春から初夏を想定したものとします。

車中泊の旅は、最初から自由気儘《きまま》には行動できません。それができるのは1

短期間の車中泊の旅は、湖や半島巡りのように、「一方通行」でスケジュールを立てられるコースが時間を無駄にしにくく効率的です。平野部に観光スポットが点在する場合は、キャンプ場を拠点にした日帰り旅行のようなスケジュールを立てるといいでしょう。

カ月以上の長旅や、何年も車中泊を楽しんでいる人です。また、計画がなければ、うまくいきません。バスツアーと違うところは、現地で計画を修正しながら行動できる点です。たとえば、目的の観光施設が長蛇の列で入場できない場合、そこは後回しにして次の目的地に向かいます。そして、夕方などの空いた頃を見計らって再度そこを訪ねるのです。ただし、2泊3日のような短い日程では、後回しにできないこともあるかもしれません。そのような場合には、あらかじめ情報を集めておき、日中が混むようなら朝か夕方に訪れる計画を組むといいでしょう。計画の修正はあくまでも臨時の手段であって、修正をせずに済むのが最も理想的です。

車中泊の計画作りで欠かせないのは、移動時間の予測です。移動距離を地図で調べて平均時速で割れば、おおよその所要時間が分かります。ただし、地域や道路の状況でかなりの差があるので、そこはしっかり考慮しましょう。また、観光に要する時間には、駐車場での待ち時間や、場所によっては駐車場から施設までの移動時間も組み込まなくてはいけません。そういったことを踏まえると、観光は1日に3～4カ所までが妥当といえるでしょう。

最後に、車中泊で大事なことは、陽が沈む前に宿泊予定地を一度確かめておくこと。目一杯遊んで、食事も入浴も終えて宿泊予定地に着いたら、国道に面した街中の小さな道の駅だった……。あるいは満車で入れなかった……。これらは本当によくあることです。睡眠不足は翌日行動に悪影響を及ぼします。

道の駅は施設によって、設備も規模もまちまちです。眺めの良い海辺は、天候が荒れれば、風と波の音が思った以上に気になります。また現地では、駐車スペースの傾斜を必ずチェックしてください。傾斜があるところに車を停めてしまうと熟睡できません。

スケジュールと事前準備

翌朝の行動を考えて荷物をコンパクトに収納

それでは、次頁に掲載したスケジュール表をもとに、具体的に説明してみましょう。

金曜日の夜に仕事を終えて帰宅し、食事と入浴を済ませてから出発します。スムーズに出発するには、いかに事前に準備をしっかりしておくかが重要です。事前に準備をするときの秘訣は、荷物をできる限り少なくすることと、車内に寝場所を確保した就寝モードにしておくこと。ミニバンで車中泊を行なう場合は、走行時と就寝時で車内に積まれた荷物の配置を変えなければいけません。出発するときに就寝モードにしておくのは、移動中に寝てしまうことの多い子供を、そのまま起こさないようにするためです。

荷物は、翌朝の段取りを最優先にしたパッキングをします。特に着替えは、ビニール袋に1日分ずつ小分けにしておくなど、バッグからすぐに取り出せるようにしておけば、車内が散らからず、広いスペースを維持できます。ビールなどの冷やした飲み物の持ち運びには、容量が20《リットル》くらいのソフトクーラーボ

車中泊ではバスケットがとても役に立ちます。できれば2～3個用意し、入れる物の種類で分けておくと便利でしょう。私は写真のような小さいバスケットに、小型のカセットコンロとやかんにポット、そして割り箸を入れています。

ックスがあれば便利です。保冷剤の代わりに、冷凍の枝豆などを入れておけば、飲み物も冷やせて一石二鳥です。パンやインスタント食品は、格子状で中がのぞけるバスケットに入れておくと、取り出したいものが見つけやすいのでおすすめです。車中泊の収納のコツは、必要なものをできるだけ簡単に見つけ出せるようにしておくこと。大きなボストンバッグなどは、不向きだと思います。

週末2泊3日のタイムスケジュール

初日（金曜日）

- 19:00　会社より帰宅
- 20:00　夕食／入浴
- 21:00　出発
- 23:00　高速道路SA到着／就寝

2日目（土曜日）

- 06:00　起床／移動
- 07:00　目的地到着／朝食
- 08:00　観光
- 12:00　昼食
- 13:00　観光
- 16:00　道の駅に移動／到着
- 17:00　入浴
- 18:00　夕食
- 19:00　団らん
- 22:00　就寝

3日目（日曜日）

- 07:00　起床／朝食
- 08:00　移動／目的地到着
- 09:00　観光
- 13:00　昼食
- 14:00　帰路へ
- 16:00　帰宅
- 17:00　後片づけ／洗濯
- 19:00　夕食
- 20:00　入浴
- 23:00　就寝

入浴セットは小さいトートバッグなどに男女別に分けて入れておくと、車内では枕としても使えます。入浴施設によっては石けんとシャンプーが備えられていないところもあるので、用意してバスケットに入れておきましょう。

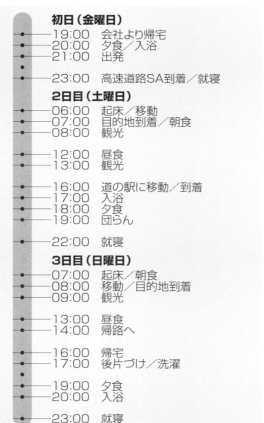

2日目の行動　朝から夕方まで

やりたいことを詰め込まない、余裕を持った行動計画が大事

車中泊の旅では、ロスをしてはいけない時間帯があります。今回のように高速道路のサービスエリアに泊まったときは、朝起きたら顔を洗い、すぐに最初の観光地へと向かいましょう。特に春や秋は、地域のイベントが盛んで、目的地周辺で市民マラソンのために道を迂回させられたり、お祭りのせいで大渋滞……なんてことはよくある話です。現地近辺まで移動してから、ゆっくり朝食をとるのが定石です。また、朝食時には、車内のシートを起こして走行モードにしたり、荷物の整理をしておきましょう。狭いミニバンの室内で、荷物が氾濫してしまっては、モノを探すのに苦労します。移動中に車内を片づけるのは難しいので、こういった時間を小まめに利用しながら、時間のロスにつながる芽を摘んでおきましょう。

また、春休みやゴールデンウィークなどに人気のある施設を訪ねるときは、事前にコンビニなどでお弁当を買っておくと無難です。観光地を手際よく回るためには、レストランや売店に並ぶことを避けるのが効率的だからです。

観光用に用意しておくと便利なのが、バックパックです。お弁当を入れたり、ときには傘やジャケットなどの荷物を入れて観光地を歩くのに重宝します。

スケジュール表のように16時に道の駅に到着するというのは、ちょっと早く感じるかもしれません。でも、実際はいつもより朝早くから行動しているので、1日が長く感じられると思います。夕方の渋滞が始まる前に、宿泊予定地に向けて移動しましょう。仮に、計画通りに観光ができていなくても、車中泊の経験が浅いうちは、そこで切り上げ、宿泊場所の確認と確保を優先すべきです。夕方からは入浴に食事と慌ただしくなってきます。当然、スケジュールでは、それらも混雑のピーク時をずらして組むようにするのですが、予定が押してしまうとすべての行動が混雑時に重なってしまいかねません。そうなると、ベッドメイキングもできていないのに子供が疲れて寝てしまったなどという、バタバタの状況に陥ってしまうかもしれないのです。

もし、それが心配であれば、事前にオートキャンプ場を予約しておくと安心です。それは人気の観光地で道の駅のような施設がない場合に、車中泊のベテランでもよく使う方法なのです。

オートキャンプ場での車中泊。気候の良い時期はサイドオーニングが役立ちます。

2日目の行動　夕食から就寝まで

道の駅やキャンプ場を上手に使って格別の夜を過ごす

道の駅などのパーキングで泊まる場合は、できればそこに車を置いたまま、徒歩で入浴と夕食に出かけられるといいでしょう。日没以降の道の駅は思った以上に混雑します。車で移動してしまうと、せっかく確保した駐車場所をほかの車に取られてしまいかねません。最近は、温泉に隣接する道の駅が増えてきたので、そういう施設を利用すると便利です。出かける前には、宿泊予定エリアの最新情報を、インターネットなどを使って入念に調べておきましょう。

ほとんどの温泉施設には、食事処と無料の休憩所が設けられています。狭いミニバンの車内で、長い時間寛ぐのはけっこう息苦しいものなので、できれば温泉施設の中で、食事と入浴、そして湯上がりの休憩を楽しみ、寝るまでの時間を過ごすようにするといいでしょう。中には休憩室への飲食物の持ち込みを許可している施設もあります。また道の駅では、ＷｉＦｉのフリースポットを備えているところも増えてきており、稀ではあるものの24時間休憩室を開放している施設もあります。

岩手県にある道の駅雫石あねっこは、温泉併設で24時間利用可能な休憩所を持つ稀少な施設で、オートキャンプ場も隣接しています。

本州では、ややもすると手軽で件数の多い道の駅に頼りたくなりがちですが、気候の良い時期は、野外で食事をしたり寛ぐのも車中泊の楽しみです。

湖畔や河川敷には、低料金で利用できるフリーサイトのキャンプ場があることが多いので、そういう場所を利用すれば、道の駅よりもはるかに開放感のある時間を過ごすことができるでしょう。テントキャンプに比べて、車中泊は設営と撤収の手間が少なく、多少狭い場所でも苦になりません。もちろん、たき火や炭火を使う本格的な野外料理も可能です。

ただし、キャンプ場では21時を過ぎると眠りにつく人もいるので、子供がいるときは大きな声を出して周囲に迷惑をかけないよう気をつけましょう。また深夜に車のドアを開け閉めする音は、想像以上に響きます。

子供が寝た後は、たき火を囲んで静かな時間を楽しみましょう。

旅の疲れとストレスを残さない早めの帰宅

旅もいよいよ最終日です。この日はもう車内で寝ることはないので、片づけはほどほどにして、朝早くから積極的に行動しましょう。

キャンプをすればゴミが出ますが、施設によっては「持ち帰り」になっている場合があります。ゴミをうまく持ち帰る秘訣は、最初から減量意識を持つこと。理想は野菜や肉類を自宅でカットし、お茶や水は水筒に入れて持参しましょう。途中で買い出しをする場合は、買ったスーパーで食材を自前の容器に入れ替え、トレイはそこで処分します。長期の旅になるほど、ゴミの処分は厄介になるので、まずは減量する習慣を身につけることをおすすめします。

午前中に観光を終えるようにして、いよいよ帰宅の準備にかかります。帰宅するまでどれだけ時間がかかるかは、帰路の道路事情によります。慢性的に渋滞するところは事前に把握できても、当日の事故などによる不測の渋滞は、ラジオや道の駅の情報パネル、携帯端末などを使って、積極的に情報収集しなければ分かりません。帰宅ルートがいくつかある場合は、昼食の時間を利用してそれらをチェックしておくといいでしょう。

シミュレーションのスケジュールでは16時帰宅になっていますが、車中泊での旅は帰ってからの片づけにも結構な時間がかかります。共働きの家庭では、それに加えて、いつもなら週末に行なう掃除や洗濯などの家事もしなければいけません。奥様の体力にも配慮して、早めの帰宅を心がけるようにしましょう。陽が短い秋や冬はなおさらです。5月と10月では、日没時間におよそ1時間の違いがあります。

また、キャンプをする人にとっては常識的なことですが、この2泊で使用したシュラフはかなりの湿気を吸収しています。そのまま置いておくと、臭くなったりカビの原因になったりするので、できるだけ早く干して乾燥するようにしてください。

いかがでしたか、2泊3日の車中泊。このシミュレーションで伝えたかったのは、ミニバン車中泊の現実と、未経験の人には想像しにくい作業や配慮すべきポイントです。思っていたほど、車中泊はお手軽なものではなかったのではないでしょうか。


キャンプをした日は朝食の時間を利用して、車のドアでシュラフを干します。

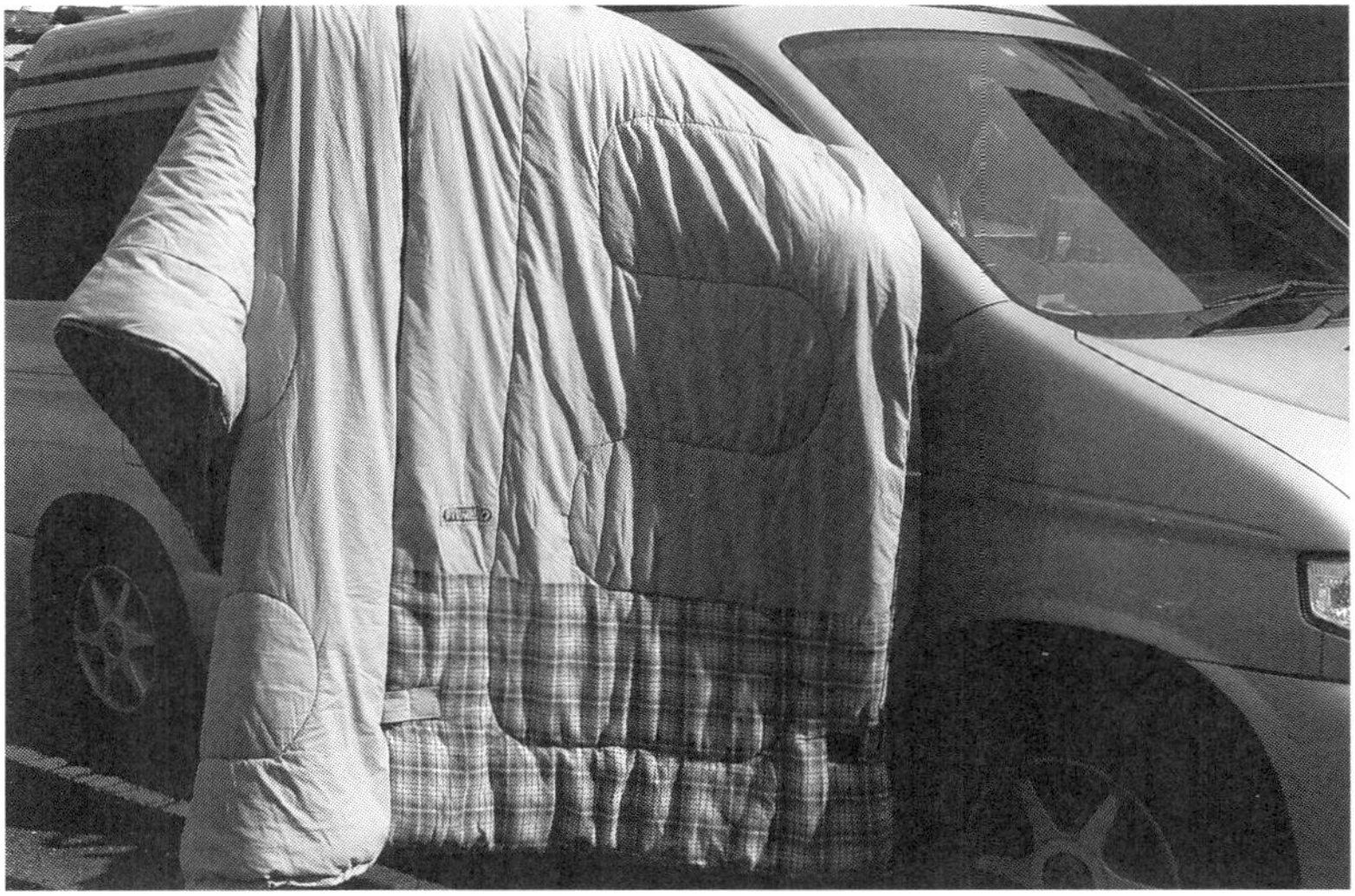

車中泊の最大の敵はゴミ。その対策とアイデア

車中泊を取り上げたテレビ番組や出版物を見ると、判で押したように「ゴミは持ち帰ること」となっていますが、制作者は本当に車中泊の旅をしたことがあるのかと疑問に思います。なぜなら、私はこれまで最長60連泊の車中泊の車旅を経験してきましたが、そこまでではなくても10日、いや3日以上の旅で出たゴミを持ち帰ることさえ至難の業だと感じているからです。

もちろん週末旅であれば、キャンパーなら誰でもゴミを持ち帰る術くらい熟知しています。前述したように、最初に減量しておけば、臭いが出る心配のある生ゴミは空いたクーラーボックスに入れ、カップ麺の容器のようにかさばるものは、ハサミで小さくカットしてしまえばいいのです。さらに私は、リアにゴミを積んで走れるキャリアまで用意しています。

しかし、それでも困るのが車中泊の長旅におけるゴミの処分です。これまで私は、サービスエリアやコンビニで、そのゴミの処分を依頼して断られたことはありません。それが「旅行ゴミ」と理解されれば、マナー違反とは扱われません。できるなら持ち帰り、できないときは断って捨てるのが正論です。

リアキャリアに組み立て式のコンテナを載せれば、臨時の「ゴミ箱」になります。車内に悪臭を放置すると衣類やシートなどに移るのでご用心。私は釣りをするので、この機能をよく使用します。

第三章

車中泊なら、やりたいことがもっと楽しめる

車中泊スタイル

もっと楽しく、もっと効率よく。それが車中泊の真骨頂

冒頭で、車中泊はキャンプのスタイルのひとつであると説明しましたが、この章の内容を理解していただくために、もう少しその話に触れてみたいと思います。

一般的にオートキャンプと呼ばれる現代のキャンピングスタイルは、1980年代後半に大きなブームを迎え、今日に至っています。かつてはキャンプといえば、サバイバルやワイルドなどというイメージが頭に浮かんできたものですが、水洗トイレや電源を備えた高規格オートキャンプ場が続々と誕生し、市場は大きな変化を遂げてきました。

現代の主流は、ライトでスタイリッシュなモダン・オートキャンピング。カラーコーディネイトされたドームテントと、リビングを完全に覆いつくせるシェルターには、夏の暑さと冬の寒さに順応できる細やかな工夫が施され、灯や暖房にはクリーンで安全な電気を利用します。つまり、こういった施設を利用している人たちのコンセプトは、アウトドアというよりは、むしろレジャー。

高規格オートキャンプ場でよく見かける、モダン・キャンピングスタイル。キャンプギアのブランドを統一している人も数多く見かけます。

週末を開放感のあるスペースで、家族とのんびり過ごしたいのです。

一見、華やかに見えるモダン・キャンピングスタイルですが、そこにはいくつかの課題があります。そのひとつが設営と撤収にかかる時間と労力です。私が車中泊を始めるようになったきっかけは、北海道を長期で巡るキャンプ旅行にありました。限られた日数の中で、毎日の撤収と設営に費やす時間を節約したかったのです。つまり、テント泊も車中泊も、実は目的は同じであって、より効率よく活動するために車中泊という方法を選択したにすぎません。

マイカーの乗り入れができない上高地では、当然、車中泊は使えません。宿泊施設に泊まれば、1人数万円の費用がかかります。ところがテントを張るなら、1人1000円以下で河童橋のすぐ近くに泊まれることをご存知でしょうか。一方、上高地行きのバスターミナルではテント泊ができないので、そこでは車中泊をする必要があります。車中泊をした後に、朝一番のバスに乗り込んで上高地に向かうのです。

この章では、上高地の事例のように、車中泊ありきで考えるのではなく、目的に対して車中泊をうまく使うことで得られるメリットをまとめています。車中泊が快適に行なえる装備をミニバンに揃えたからといって、すべてをそれで楽しもうというのはナンセンスです。いま、あなたが楽しんでいること、あるいは楽しみたいと思っていることが、車中泊を利用することでもっと楽しめるからこそ、車を改造したり買い換えたりする意味があるのです。

沢渡のパーキングで車中泊をし、そこからバックパッキングで上高地へ。

アウトドアライフの行動範囲がぐっと広がる

私が知るアウトドアの世界は、主に釣りとバードウォッチングですが、それらはミニバンの車中泊が生かせる分野だと思います。なぜなら大型のキャンピングカーと比べて、足回りが良いからです。もちろん理想は、車高の高い4WDのSUVです。ただ、アウトドアだからといって、いつも険しい山道ばかりを選んで出かける必要はありません。初夏の漁港でのサビキを使ったアジ釣りは、ファミリーでも十分に楽しめます。アウトドアライフの扉を開ける機会としてはもってこいでしょう。

同様に、ファミリーでも年配の方でも楽しめるのがバードウォッチングです。もちろん、車中泊で出かけるのですから、近所の公園ではなく、立山のライチョウや琵琶湖のオオワシを見に行くなど、日本を代表する地を訪ねるような夢のある計画を立てましょう。立山まで行くのなら、黒部ダムや日本で最も高地にある温泉、みくりが池温泉などにも立ち寄りたくなるはず。アルペンルートは、観光だけで帰るには、少しもったいない場所かもしれません。

立山黒部アルペンルートに春を告げる「雪の大谷ウォーク」。

黒部ダムから豪快な放水が見られるのは、黒部湖の氷が消える6月下旬から10月中旬の期間です。

「雪の大谷」が見られるゴールデンウィークはライチョウの繁殖期。つがいの姿が見られることもあります。

アウトドアと車中泊②

釣ったその場で味わう贅沢な酒の肴

最近はどこの漁港も整備され、岸壁付近にまで車で入れるところが各地にあります。場所によって多少の違いはあるでしょうが、波止場から狙えるファミリーフィッシングの対象になるのは、アジやイワシのようなサビキで釣れる青魚と、カサゴやメバルなどのロックフィッシュ。夜釣りならキスやチヌが狙えます。

車中泊の利点は、何といっても釣れる確率が高い夕まずめと朝まずめに竿を出せることです。もちろん日帰りでも、帰宅時間さえ許せば同じように楽しめるのかもしれませんが、疲労感が全く違うでしょう。

車中泊で行く釣りには、もうひとつ大きな魅力があります。それは現地で釣った魚をその場で調理して、文字通り酒の肴にできることです。ほかでは始末に困るハラワタも、ここではカモメやトビの餌になりますし、食べきれない場合はハラワタだけ抜いてクーラーボックスで持ち帰ればいいのです。

もちろん、小さなナイフやまな板、てんぷら鍋、そして水やフライの材料は

右）水はペットボトルを再利用して持参すると重宝します。
左）少ない油で、骨まで火を通すダッチオーブン。

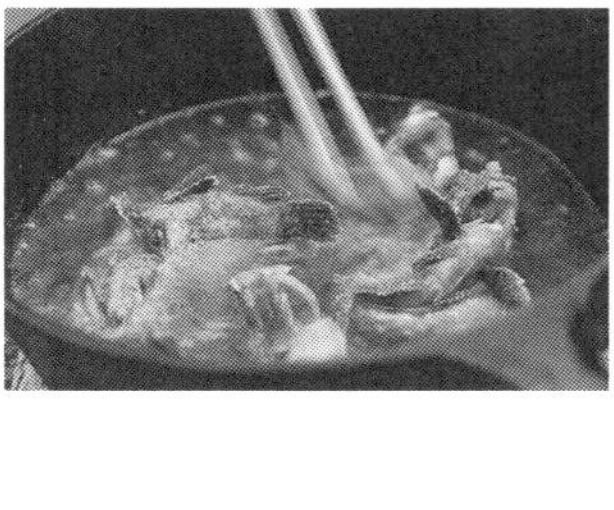

持参します。波止場でキャンプをすることによって、釣った魚をその場で食べるという付加価値が生まれるのです。私の子供たちは、大きくなってサビキでの釣りには見向きもしなくなっていたのですが、車中泊のときには喜んでついてきました。同じ釣りでも、車中泊によって新しい魅力が生まれるのですから不思議なものです。

中には器用な人もいて、釣ったアジをその場で開いて、干物用の網に入れて車に吊るしているのを見たことがあります。往々にして、そういう人は、地元ではなく遠方からの旅人だったりするものです。車中泊の達人たちは、道の駅のような騒がしい場所にはあまり姿を見せず、このようなところで悠々自適のキャンピングライフを謳歌しているというわけです。

右）濡れモノ・汚れ物を収納するバッカンは釣りには不可欠です。

上）100円ショップでも手に入る「つるしネット」があれば、釣った魚を天日干しにすることができます。

時間に余裕ができれば、テーマを掘り下げて楽しめる

この章のはじめでも触れましたが、車中泊でキャンプを行なうメリットは、テントやシェルターなどの設営と撤収作業から開放されることによって、時間に余裕が生まれることです。

通常なら、キャンプ場に到着してからテントの設営を終えるまでに1時間程度はかかります。車中泊なら、設営の必要がない分どこかに寄り道をしたり、周辺で遊んだり、時間を有効に使うことができるのです。さらに撤収時の時間のアドバンテージは、設営時以上に大きいものです。テントやシェルターについた夜露や結露が乾くまで待つ必要がないので、極端にいえば、いつでもキャンプ場から出られるのです。このアドバンテージを生かせば、これまではできなかったことができるようになります。たとえば、綺麗な川の近くなら、これまでは時間的に行けなかった上流方面へのトレッキング、あるいは自転車でのサイクリング。また秋なら、森で素材を拾い集めて行なうネイチャークラフト……。つまり、キャンプのテーマをより掘り下げて楽しめるようになるのです。

松ぼっくりを使ったクリスマスツリー。こんな簡単なクラフトでも、素材集めから始めれば、時間はあっという間に流れていきます。

私は以前、近畿地方にある人気オートキャンプ場のイベントとウェブサイトのコンサルティングをさせていただいたことがあります。当初、オーナーから受けた相談は、若いファミリーキャンパーたちにキャンプ場での時間の使い方を教えてあげて欲しいというものでした。そこでダッチオーブンというカウボーイたちが愛用していた鉄鍋を使って、パンを焼いたり、ローストチキンを作ったりする教室を定期的に開催するようになりました。この教室でいつもお話しすることを、ここでも少しご紹介してみようと思います。

キャンプでご飯を炊くといえば、多くの人が薪と飯盒《はんごう》を連想するようですが、それはマストアイテムではありません。私はダッチオーブンを使ってパーティーを催すときは、メインの料理作りに集中したいため、ご飯は炊飯器を使って炊いています。もし、キャンプのテーマが釣りなら、食事は簡素化するのが当たり前と思っています。キャンプだから、いつもご飯は飯盒であるべきだという妄想からは一刻も早く抜け出してください。同様にキャンプだからと、いつもテントを張ることにこだわる必要はありません。ベテランたちは状況に応じてバンガローやコテージを賢く使っています。

ただし、テーマが美味しいご飯を食べようというのであれば、飯盒を使って薪で炊くことには大賛成です。また、真夏には車ではなくテントを広げ、爽やかな山の冷気に身を任せて眠ります。要はイメージにとらわれることなく、テーマを達成するためにベストな方法を選択することが大切なのです。

数あるダッチオーブン料理の中でも、豪快で普段はあまり目にすることのないローストチキン。素材のチキンは、数日前に近所のお肉屋さんで「丸鶏中抜き」と注文しておけば入手できます。

アウトドアと車中泊④

車中泊はビジネスホテル!? キャンプツアーとベースキャンプ

前頁で述べた「イメージにとらわれない」という概念は、キャンプ場選びや使い方にも当てはまります。キャンプ場でテントを設営するのは、たとえるとリゾートホテルのような使い方。そこに滞在し、周辺の自然や設備を利用して楽しい時間を過ごそうというスタイルです。一方、自由度の高い車中泊でのキャンプ場の利用は、テントキャンプと同様の使い方はもちろんのこと、日暮れにチェックインして早朝にチェックアウトするビジネスホテルのような使い方も可能です。北海道を周遊するキャンピングツアーは、まさにこのスタイルの典型例といえるでしょう。

キャンピングカーに比べて、水やガス、電気などのライフライン装備と車内の広さで劣るミニバンの車中泊にとって、キャンプ場はオアシスです。いくら道の駅の設備が充実してきたといっても、自炊して眠るための場所として作られたキャンプ場にはかなうはずがありません。問題はビジネスホテルのように低料金で気軽に使える、車中泊向きのオートキャンプ場がほとんどないという

安価で利用できる北海道のキャンプ場『美瑛自然の村』。多くの車中泊キャンパーが訪れる北海道には、ほかにも無料か1泊数百円で利用できるキャンプ場がたくさんあります。スケールの大きな自然はもちろんですが、このキャンプのインフラも北海道の大きな魅力のひとつです。

ことです。コストパフォーマンスが低ければ、多少不便でも無料で利用できる道の駅を選択する人が絶えないのは当然でしょう。

43頁で上高地のお話をしましたが、車中泊は登山のベースキャンプのような使い方もできます。写真撮影が趣味の人は、上高地や立山黒部アルペンルートのように、パーク&ライドが導入された地域に行くことも多いと思います。私の場合は、前日の夜にバスターミナルのパーキングに着いて車中泊をし、翌朝早く山に上がって、そこでテントキャンプをして、翌日の午前中に下山。その日の夜は、上高地近辺のゆっくりできるところで車中泊をして、翌日帰路につくというパターンを基本にしています。実質3泊4日ですが、出発日と帰宅日を移動だけに使えば、それぞれ半日は仕事をすることも可能です。サラリーマンの人でも、3連休を利用すればこのパターンで十分動けることでしょう。

上）上高地の小梨平キャンプ場。
右下）ベースキャンプ地として使う沢渡のバスターミナル。
左下）下山後は、広々とした平湯キャンプ場で寛ぎのひととき。

アウトドアと車中泊⑤

バードウォッチング成功のカギは少しでも時間を生み出すこと

バードウォッチングといっても、野鳥の観察が目的の方と野鳥の写真撮影が目的の方とでは、多少、行動パターンが違うかもしれません。ただ、どちらの場合でもポイントとなるのは、お目当ての野鳥との出会いをどれだけ増やせるかです。私がバードウォッチングをする際によく出かけるのは琵琶湖ですが、ここでは私のメインフィールドを舞台に、バードウォッチングの事例を紹介してみようと思います。

みなさんは、環境省のレッドデータブックに記載されている日本最大級の猛禽《もうきん》、オオワシが、毎年琵琶湖に飛来していることをご存知でしょうか。11月下旬から2月中旬まで、琵琶湖の北部で越冬しており、多くのファンを魅了しています。

このオオワシが木にとどまっている姿を見つけるのは、そう難しいことではありません。しかし、写真のように獲物を捕らえて大空に羽ばたくシーンが見られるのは、あっても一日に1度か2度。しかも時間は不規則です。

ブラックバスを捕らえたオオワシ。湖北町山本山にて撮影。詳しい情報は、湖北野鳥センターで確認することができます。

オオワシのように定点観察ができる野鳥の撮影は、どれだけの時間を費やせるのかが勝負です。1分でも長く観測を続けることができれば、それだけ出会える確率も上がるのです。夜明けから日暮れまで同じ場所で粘ることができ、移動もせずに食事ができる車中泊は、定点観測には非常に適したスタイルといえるでしょう。また、野鳥は暗くなるとねぐらに帰ってしまうので、夕方以降は移動して温泉で体を温めたり、道の駅などで過ごせますから、初心者でも十分に楽しむことができるのです。

琵琶湖でオオワシと出会える地区は、広大な農地と隣接しており、そこではハヤブサやチョウゲンボウたちが野ネズミや小鳥を狙って狩りをしています。また400羽を超えるコハクチョウの越冬地にもほど近く、多くの種類の水鳥を観察することも可能です。ラムサール条約に名を連ねる琵琶湖は、紛れもなく国内屈指の野鳥の園といえるでしょう。

湖岸に建つ湖北町野鳥センターは、道の駅に隣接しています。

臨機応変な行動が「一期一会」の写真を呼ぶ

この数年の間に、中高年のカメラファンをずいぶん多く見かけるようになりました。メーカー各社が発売しているデジタル一眼レフカメラの中級機種の価格がこなれてきたことが大きな要因なのでしょう。カメラのことについては、この後のコラムで少し詳しく触れてみようと思います。

さて、プロアマを問わず、車中泊で日本各地の自然写真を撮っている人は本当にたくさんいます。釣りと同じく、朝夕にシャッターチャンスが多いので、現場近くで寝泊まりできる車中泊なら、無理なく撮影に挑めます。

また、車中泊を利用した写真撮影なら、天候の変化にも柔軟に対応することができます。特に秋は紅葉や雲海の写真を撮りに、山へ行くことが多いと思います。しかし、山の天気は変わりやすく、突然の雨や濃霧に見舞われることも珍しくありません。そうなってしまっては、撮影どころではないでしょう。撮影を切り上げて車に戻り、車内で天候の回復を待つか、撮影そのものを諦めて山を下りましょう。

秋の早朝に見られる雲海は、現地に泊まらなければなかなか写真に撮れない景色のひとつです。

天候の変化によって撮影を諦めることになったとしても、別の目的に向けてスムーズに行動できるのが車中泊の旅の良いところです。周辺の観光スポットや温泉などに足を伸ばし、撮影以外の目的を満喫してから帰ればいいのです。撮影を中断した分、それらを楽しむ時間が増えたと思えばいいでしょう。

　本格的に写真を撮りはじめると、視野が広がり、車中泊が持つ本来の魅力に気がつくようになります。写真の被写体は、何も自然だけに限りません。建物、街並み、あるいは神仏など、自分が撮りたいと思う被写体があれば、そこを訪ねていけばよいのです。その点では、写真は自分の趣味を表現するためのツールだと考えた方が分かりやすいかもしれません。旅や温泉巡りの記録をブログやウェブサイトで公開している方には、その意味がよく分かるのではないでしょうか。

　すでに車中泊の旅を経験済みの方は、旅の日記を書くことをおすすめします。旅の記憶を整理して文章にしておけば、後に同じルートの旅をするときに役立つからです。

雲海が出なかった日は、高野山に戻って金剛峯寺を拝観します。

車中泊がくれた極上の出会いを撮るデジタルカメラの「使い分け術」

写真の世界では、すばらしい写真が撮れたときなどに「一期一会」という言葉を使います。これまでに書いたことをご覧いただければ分かると思いますが、車中泊の旅には極上の一期一会に出会えるチャンスがあります。ここでは、そのすばらしい出会いを写真に収めるためのアイデアを紹介しましょう。

大事なことは、特徴の違うデジタルカメラをケースバイケースで「使い分ける」ことです。デジタルカメラを大きく分けると、「一眼レフカメラ」と「コンパクトカメラ」、スマートフォンに代表される「携帯端末カメラ」の3つがあります。一眼レフカメラはファインダーから被写体を見られるので、その表情や動きを鮮明にとらえることができ、シャッターチャンスを逃がす心配がありません。したがって、生き物や祭りのように「動き」のある被写体の撮影に適しています。またレンズが交換できるので、広角から望遠まで様々なアングルの写真を写すことができます。さらに明るさや光線に応じて、ISO感度や測光の方法を変えるといったマニュアル操作が容易です。

それに対し、コンパクトカメラは軽さに加え、防水とGPS機能を内蔵した

私が愛用しているのは、液晶画面が自在に動く「バリアングルモニター」を搭載した一眼レフカメラ。障害物をかわしたり、超ローアングルからの撮影などが可能です。

モデルが、一眼レフカメラよりも安価で入手できます。海や川でそのまま水中撮影ができるだけでも魅力的ですが、動画まで撮ることができるのは驚きです。難点は、一眼レフカメラに比べて電源を入れてからの立ち上がりが遅いことと、電池の消耗が早いこと。そのため私は常時交換用のバッテリーを車で充電して持ち歩くようにしています。ただ、防水などの「特殊機能」のないコンパクトカメラは、軽量化が進む一眼レフカメラと、日進月歩で性能が向上している携帯端末カメラに挟まれ、その存在価値を失いつつあるのが現状です。

最後はその携帯端末カメラですが、これはスマートフォンの性能が際立っているようです。中にはそれで撮影した画像を加工し、ブログやフェイスブックに投稿する人もいて、今は日常使いならこのカメラだけで十分だと思っている人が多いでしょう。確かに手軽さと配信力では、カメラ専用機を凌駕しており、記録写真や情報写真の撮影にはおすすめです。

これまでの説明でお分かりの通り、3つのカメラを被写体に応じて使い分けることができればいいのですが、まずは撮影の目的を整理するといいでしょう。写真撮影の目的は、躍動感や遠近感のある「作品写真」と、インターネット上に投稿するなどの「記録写真」に大別できます。車中泊で出会う「一期一会」はどちらの写真にも当てはまりますが、「作品写真」を液晶画面の携帯端末カメラで撮るのは、プロでも難しいことだと思います。

防水とＧＰＳ機能を兼ね備えたコンパクトカメラ。北海道の美瑛のように目印のない広大な場所ですばらしい風景を撮影したときでも、帰宅後その場所が特定できます。

レジャーと車中泊①

車中泊が強みを発揮する「秘湯」めぐり

中高年で車中泊を始める人の中で多いのが、「大好きな温泉にもっとたくさん出かけたい」という動機です。全国各地には数多くの温泉が点在し、それぞれ成分や効能も異なります。また、温泉の掘削も盛んに行なわれており、いまなおその数は増え続けています。まさに、日本は温泉大国。温泉めぐりをライフワークにしたいと考える人が大勢いるのもうなずけます。

車中泊の温泉めぐりは多様ですが、温泉地には車中泊に合うところとそうではないところがあります。それを見分けるキーワードのひとつが「外湯」です。たとえば、群馬県の草津温泉には有料と無料の「外湯」があり、すべてを1日で回るのは大変です。関西では兵庫県の城崎温泉や和歌山県の白浜温泉、また九州では大分県の別府温泉が、外湯めぐりに適したメジャーな温泉地として挙げられるでしょう。

また温泉旅館の湯殿が安く利用できる「湯めぐり手形」を発行している温泉地も、比較的外来客には好意的です。栃木県の塩原温泉郷や岐阜県の下呂温泉、

日本最古の露天風呂といわれる白浜温泉の『崎の湯』。白浜にはほかにも5つの共同温泉があります。

あるいは熊本県の黒川温泉などがそれに該当します。
しかし車中泊が強みを発揮するのは、何といっても秘湯めぐりです。たとえば北海道の知床半島には、無料で利用できる4つの温泉がありますが、いずれも車がなければ不便な場所にあり、団体ツアーの旅行者がやってくることは極めて稀です。中でも羅臼の海岸にある「セセキ温泉」は、潮が引いている時間にしか利用できないため、滞在時間に制約のあるツアーでは、なかなかそのタイミングに恵まれません。そのため利用客の多くは、本州から来た車中泊の旅行者と、ツーリングを楽しむライダーたちでした。

さて、これから車中泊による温泉めぐりをもくろんでいる人の中には、何日間も同じところに滞在して「湯治」がしたいという人がいると思います。その場合は、青森県の酸ヶ湯温泉や、和歌山県の湯の峰温泉のように、近くに低料金で利用できるオートキャンプ場がある温泉地を選びましょう。仮に湯治に適した温泉の近くに車中泊ができる無料駐車場や道の駅があったとしても、そこに何日間も居座り続けるのは、分別のある大人がすることではありません。

また滞在するとなれば、炊事や洗濯、さらにサブバッテリーを搭載している車の場合は充電が必要になります。オートキャンプ場ならそのいずれにも対処できますし、誰からもとがめられることはありません。これは前述した外湯のある温泉地を訪ねる際でも同じです。温泉めぐりは「旅行者」の範疇《はんちゅう》ですが、滞在は「車上生活者」と見なされ、周囲の対応が変わります。

干潮時にしか入湯できない羅臼の「セセキ温泉」。混浴ですが脱衣所はなく、温泉は湯船の底からプクプクと湧き出しています。

レジャーと車中泊②

ツアーでは体験できない、オンリーワンの旅に出発

みなさんの中には、すでにある程度ツアー旅行を経験し、これからは自分だけのオリジナルプランで観光したいと考えている人も多いと思います。確かに車中泊の旅は、その期待に応えられる具体的な方法です。

そんなオンリーワンの旅を組み立てる際の柱になるのがコンテンツです。具体的には、前述した温泉めぐり、郷土料理の名店めぐり、名所あるいは名勝めぐり、また映画やドラマのロケ地めぐりも、そのひとつに挙げられます。

観光方法は十人十色ですが、車中泊旅行者の中には「蕎麦名人」のように単独コンテンツを追いかけて日本中を旅する人がいます。仮にこのようなスタイルを「唐揚げ弁当」と呼ぶなら、私の旅はコンテンツを「地域」という容器に集約する「幕の内弁当」です。コンテンツをおかずにたとえれば、温泉は味噌汁、名店は唐揚げ、名勝は焼き魚のように置き換えられます。実はそれらはどこの町にもあるわけで、今回の旅は何を入れて何を外すか、そのボリュームをどう配分するかが、オンリーワンの決め手になります。

代表的な日本食のひとつである蕎麦には、地域性がよく表れています。右の写真は兵庫県出石の伝統食とされる「皿そば」で、約300年の歴史があります。

ミニバン車中泊での観光旅行は、最長でも10日間程度で楽しむのが妥当です。どれだけ寝心地の良いベッドが作れるかにもよりますが、基本は「週に一度は畳の上で寝る」と心得ておきましょう。また熟睡と同様に気を遣うべきは食事です。旅では野菜不足に陥りやすいので、私はビタミンのサプリメントを服用するようにしています。

なお、1カ月を超える長期の旅はキャンピングカーの領域です。私は以前乗っていたミニバンでは3週間が限界でしたが、現在使用しているハイエース（トヨタ）のキャンピングカーでは、倍以上の2カ月間にわたる車中泊の旅もこなせました。

ミニバンの改造車との最大の違いは、キャンピングカーには調理だけでなく、そこで生活できる機能が搭載されていることです。興味があれば、一度キャンピングカーショーに足を運ばれることをおすすめします。

ハイエースのバンをベースに架装された2人用のキャンピングカー。大きなテーブルは下に押し下げるとベッドの台になります。

車中泊で行きたいテーマパークの留意点

車中泊を利用して、東京ディズニーランドやユニバーサルスタジオジャパンに出かけたい！　それは、小さな子供がいるファミリーにとっては、魅力溢れるレジャーのひとつではないでしょうか。そこで、ここではその際の留意点を取り上げてみます。

少し残念ですが、どちらのテーマパークも閉館後に一度車を駐車場から出して、翌朝再入場しなければいけないので、場内での車中泊による連泊はできません。東京ディズニーランドでは、ＧＷやお盆のような混雑期には、車の並び具合を見て、定時よりも早くゲートを開けることがあるようですが、もちろん時間は不規則です。利用するなら、最寄りのサービスエリアで車中泊をして、朝早い時間に駐車場に到着するスケジュールがおすすめです。

上）ユニバーサルスタジオジャパン。
下）東京ディズニーランド。

第四章
快適車中泊の構築術

居住性と収納性

限られた車内空間を有効活用するための基本

この章では、車中泊時のミニバンの使い方について具体的に説明します。やりたいことを今よりもっと楽しもうとする車中泊の旅では、着替えと寝具のほかに、アウトドアグッズやカメラバッグなどの荷物を持参する場合が多々あります。そこまではテントキャンプや宿に泊まる旅と同じですが、最大の課題は「すべての荷物を積んだままの車内に人が寝ようとすること」ことです。それに「快適さ」を求めるのですから、知恵を絞り、あの手この手を使わなければ実現できないのは言うまでもありません。

限られた車内空間を有効活用するための基本は2つあります。まずは収納スペースをできるだけ残した就寝時のレイアウトを組みましょう。ミニバンの場合は、運転席・助手席をそのまま残し、そこに移動しやすい着替えなどの荷物を置きます。そして2列目シートをフラットにして、3列目シートの座面までを寝床として使います。そうすればリアと床下に収納スペースが確保され、また緊急時の移動にも素早く対応することが可能になります。

ミニバンやワンボックスカーにおける車中泊のモデルレイアウト。ベッドスペースを、2列目シートと3列目シートの座面までにすると、リアにも荷物を積めるスペースが残せます。

2つ目の基本は、残された収納スペースを最大限に活用できる車中泊用品とそれを持参する入れ物を選ぶことです。

もっとも顕著なのは寝具でしょう。家庭用の布団ではかさばるため、旅の途中で2列目をシートとして使うことが困難になります。またキャンピングチェアとテーブルは、座席の下に収納するのか、リアスペースに置くのかを決めてから購入するのがおすすめです。

同時に考える必要があるのが「使用頻度」です。仮に奇麗に収まったとしても、出し入れに手間がかかるようでは、その収納方法は長続きしないでしょう。

それら2つを両立させるには、アーミーナイフのように小さくて多機能な製品と、ソフトクーラーのように中の容量によって形状を変えられる入れ物を多用することです。傘などの長尺物も、釣り竿ケースにまとめて入れると、床下に収納しやすくなります。また小物は「電池などの消耗品」「救急用品」といったカテゴリーごとに小分けし、透明か覚えやすいポーチに入れてから、大きめのトートバックなどにまとめて入れるとスムーズに探せます。

3列目シートの後ろにラックを組んだポピュラーな事例です。こうするだけで収納性は格段にアップします。

機能性と汎用性

快適な車内を構築する奥の手はサードシートの撤廃

もしミニバンの3列目シートを普段使うことがないのであれば、前述した居住性と収納性をより向上させるために、それを取り外し「5人乗り」にして使用する方法があります。そうすることで車内に生まれたスペースに、72頁で紹介しているようなベッドの床と収納棚を併せ持つラックを自作して搭載するのです。

ただし、すでに7人あるいは8人乗りとして登録している場合は、陸運局で構造変更申請をして、車検証に記載されている乗車定員を変更する必要があります。また構造変更申請の認可については地域格差があるようですので、必ず事前に車を購入された販売店などにご相談ください。

なお、未登録の新車の場合は、登録前に3列目シートを外してもらい、最初から5人乗りで登録すれば構造変更には該当しません。SUVではよくあるニーズなので、販売店も対応を心得ています。私が以前に乗っていたボンゴフレンディ（マツダ）は、その方法で納車してもらいました。

就寝スペースは前述した2列目と3列目の座面の位置までですが、右側のカウンターテーブルの下は、DIYしたラックの一部になっています。

またひとりあるいは夫婦でしか使用しないのなら、2列目と3列目のシートを外して、より広い空間を得ることもできます。やはり陸運局で構造変更申請が必要ですが、この場合は乗用車ではなく貨物車扱いとなり、5ナンバーなら4ナンバー、3ナンバーなら1ナンバーになります。お気に入りの車で改造を希望する人にとって、貨物車への変更は理想的に思えるかもしれませんが、2人乗りで毎年車検になるなど、良い面ばかりではありません。さらにナンバーが変わると、ETCの登録内容も変わるので、合わせて変更手続きが必要です。

そのため、中には煩わしい構造変更申請をしなくても、車検時に外していたシートを元通りに復元すればいいではないかと考える人が後を絶たないようですが、それでは実質的に「道路運搬車両法」に抵触する「違法改造車」となり、現在は事故に遭遇した際に、保険が適用されないなどの厳しい措置もとられています。

バックドア側から見たＤＩＹのラック。リアゲートキッチンを想定した構造で、引き出し式の簡易テーブルは、立ったまま調理や食事をするための機能です。また寒い季節は上のカーテンを開ければ、すぐにお湯や料理が車内に取り込め、右頁のカウンターテーブルにそれを置くことができます。

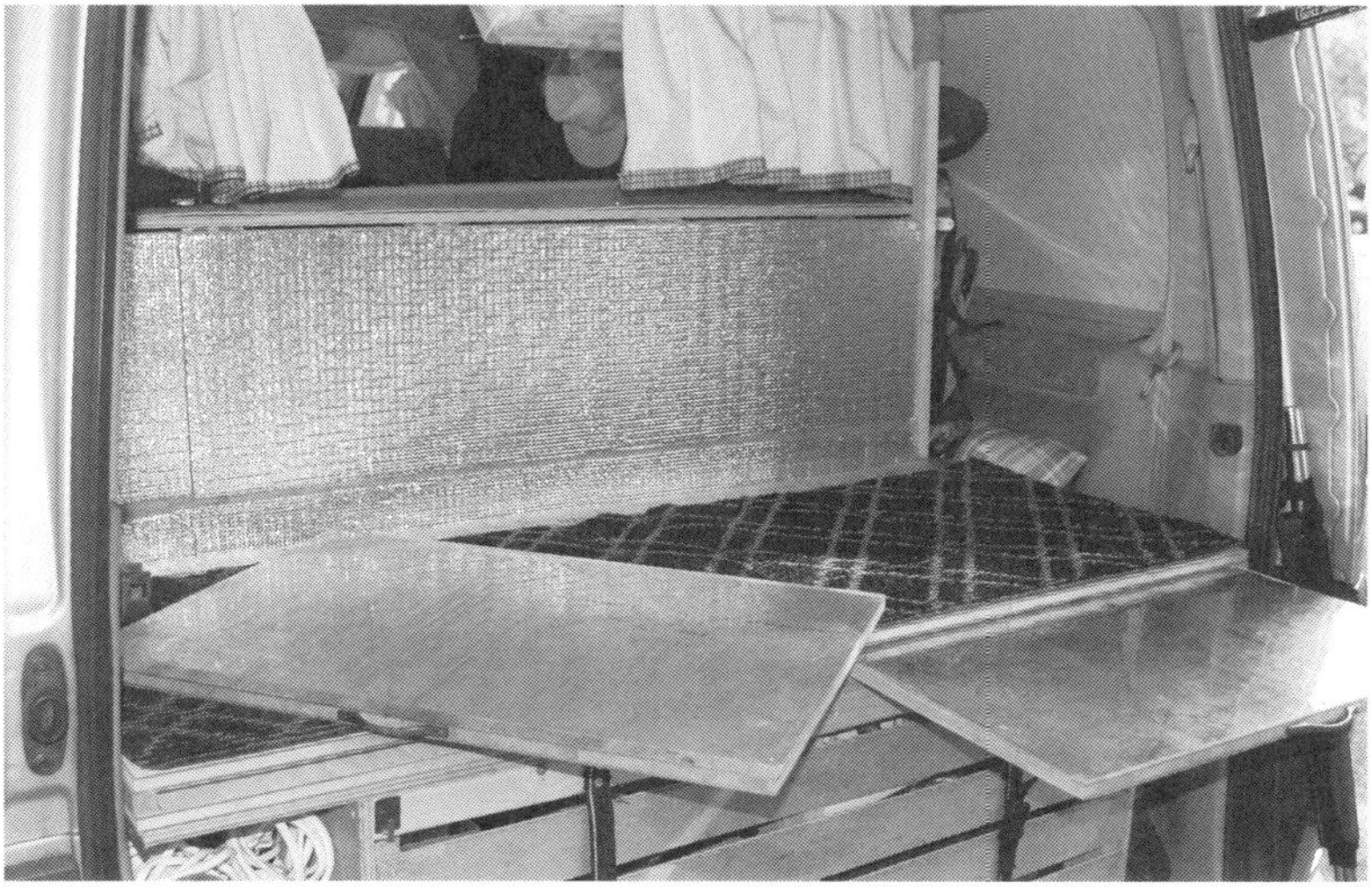

車中泊に適した車の要件

寝やすいシートアレンジと、パワー&安定感は欠かせない

ミニバンでの車中泊を快適にするには、居住性と収納性、そして機能性と汎用性という4つのポイントがあることは述べました。では、それらを実現するためには、どのような車を選ぶとよいのでしょうか。

理想的なのは車中泊での使用を前提に開発されたミニバンです。ファミリーユースに最適だったボンゴフレンディは、すでに生産が終了していますが、キャンピングカーショーに行けば、セレナ（日産）やステップワゴン（ホンダ）にポップアップルーフを搭載したモデルを購入することができます。またメーカー車では、フリードスパイク（ホンダ）が完全なフラットシートを実現しており、価格と寝やすさの面でバランスが取れています。

逆に車中泊用として使いにくいのは、「高級志向」のミニバンです。たとえば、キャプテンシートとも呼ばれる独立式の2列目シートは、ベッドを作る際にすき間を何かで埋める必要がありますし、シートの下に目隠しが施された車だと、床にスキーなどの長尺物を置いて収納できません。また、どのミニバン

フリードスパイクの車中泊モード。2列目・3列目シートを倒すのではなく、反転させて凹凸のないフラットなスペースを生み出す画期的な発想です。

でもベッドモードにする際は、凹凸を失くすためにシートの上にマットなどの敷物を載せる必要があるので、走行時よりも座面が高くなります。車高が低いと頭上が窮屈になり、背の高い人はベッドにするとあぐらや正座ができなくなります。加えて、丸みを帯びた車は屋根に近づくほど車幅が狭くなるので、デッドスペースが生まれやすい傾向があります。そう考えると車中泊に適するミニバンは、ワンボックスカーに近い形状であることが分かります。

今度は走行性に目を向けてみましょう。前述したようにミニバンの良さは、キャンピングカーやバンに比べて乗り心地が良く、高出力のエンジンを搭載していることです。やりたいことを今よりもっと楽しもうとする車中泊の旅は、荷物が多いうえに曲がりくねった道を走行することも少なくないだけに、本来は車自体にパワーと安定性が備わったミニバンに合っています。ハイブリッドや高燃費エンジンに目を奪われがちですが、車中泊に適したミニバン選びでは、運転時のストレスにつながる要素ができるだけ少ないものを選択することが、安全を優先すると大切なことだと私は思います。その意味では、昨今、道の駅などでよく見かける軽自動車のワンボックスカーも、私はあまりおすすめしません。ちなみに私が今乗っているハイルーフのハイエースは、換気扇込みの車高が約2・4メートルあるため、ロングでも横風に弱く冬に瀬戸大橋のような風の通る場所を走る際は命が縮む思いです。2トンをはるかに超えるハイエースでさえそうなのですから、軽自動車の場合は言うに及ばないでしょう。

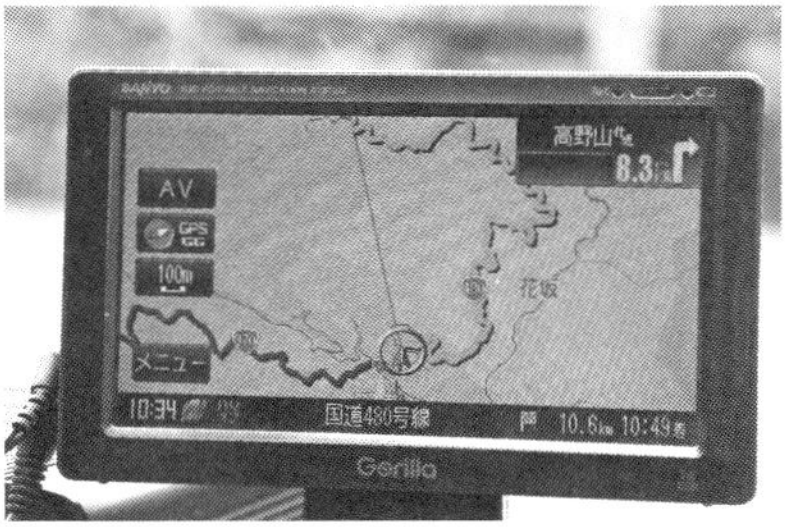

名所・名勝と呼ばれる場所は、往々にして曲がりくねった道の先にあるもの。弘法大師が開山し、世界遺産に名を連ねる高野山もそのうちのひとつです。

快適車中泊3種の神器

ベッド、キッチン、サブバッテリー。車中泊の長旅を支える3つの装備

車中泊による長期の旅を快適にするには、必要な機能が3つあります。平らなベッド、キッチン、そして家電を使えるようにするためのサブバッテリーシステムです。これらは8ナンバー車にすることなく、3・4・5ナンバーのままでも装着できる機能なので、この後に掲載している手作りガイドを参考に、ぜひ搭載を検討してみてください。車中泊旅の快適度が大幅にグレードアップすること請け合いです。もちろん、アイデアを加えて使いやすいようにアレンジされてもかまいません。

ただし、車の収納性や居住性などを最大限に確保するには、3つの機能を連動させた車内のレイアウトを考える必要があります。特に重くてデリケートなサブバッテリーシステムのパーツは、重さが分散しやすいよう、できるだけ車の中央に近い場所に設置し、ヒューズやバッテリーを交換しやすくする工夫が必要です。私は、ボンゴフレンディを購入する前に、何度も販売店に足を運んで、車内を実測させてもらいながらアイデアを固めていきました。整備工場を

3列目シートを取り外す改造では、空いた場所をどう使うかがポイント。私の場合は、ベッドの土台のある床下にサブバッテリーを置き、床を開けてバッテリー交換ができる仕様にしていました。

持っている販売店なら、車検時の留意点や走行時の課題など、専門的なアドバイスをしてくれるのでおすすめです。

ベッド作りのポイントは、寝心地と簡易性です。いつでも簡単にシートとベッドを切り替えられるようにするには、使用するパーツをコンパクトに車に積めなければいけません。キッチンは、さすがに車内では調理ができないので、リアゲートで作業をするスタイルを考えます。食事だけなら車内でもできるので、雨天時や真冬はお寿司やお弁当を食べ、リアゲートキッチンは天候のいい日にキャンプ場などで使います。

サブバッテリーシステムは、冬には電気毛布、通年では炊飯器、照明、テレビなど、普段使っている電化製品を車内で使えるようにしてくれる便利な機能です。ポータブルのサブバッテリーも市販されていますが、容量が少ないために使える電化製品が限られます。

右）リアゲートキッチン。奥行き40センチほどの引き出し棚がついています。
左上）ベッドパーツはコンパクトに分解でき、車内にすっきり収まります。
左下）照明やテレビは、エンジンを切った状態でもサブバッテリーで使えます。

車内レイアウトの事例

快適車中泊を追求した車内レイアウトとは

車内レイアウトのポイントは、高い収納力と広いスペースを確保することです。車内の限られた空間を有効活用して、それらが両立できるレイアウトを模索しましょう。

具体的には、走行時も就寝時も同じ場所に収納しておくものと、就寝時のベッドを作ったときに収納場所を変えるものに大別しておき、就寝時には運転席と助手席のスペースをうまく活用します。また、ウエアを吊るすだけでも、驚くほど車内の使えるスペースは広がります。

下と次頁に、私の車ボンゴフレンディの車内レイアウトを掲載しておきますので、ぜひ、みなさんが考えるときの参考にしてください。

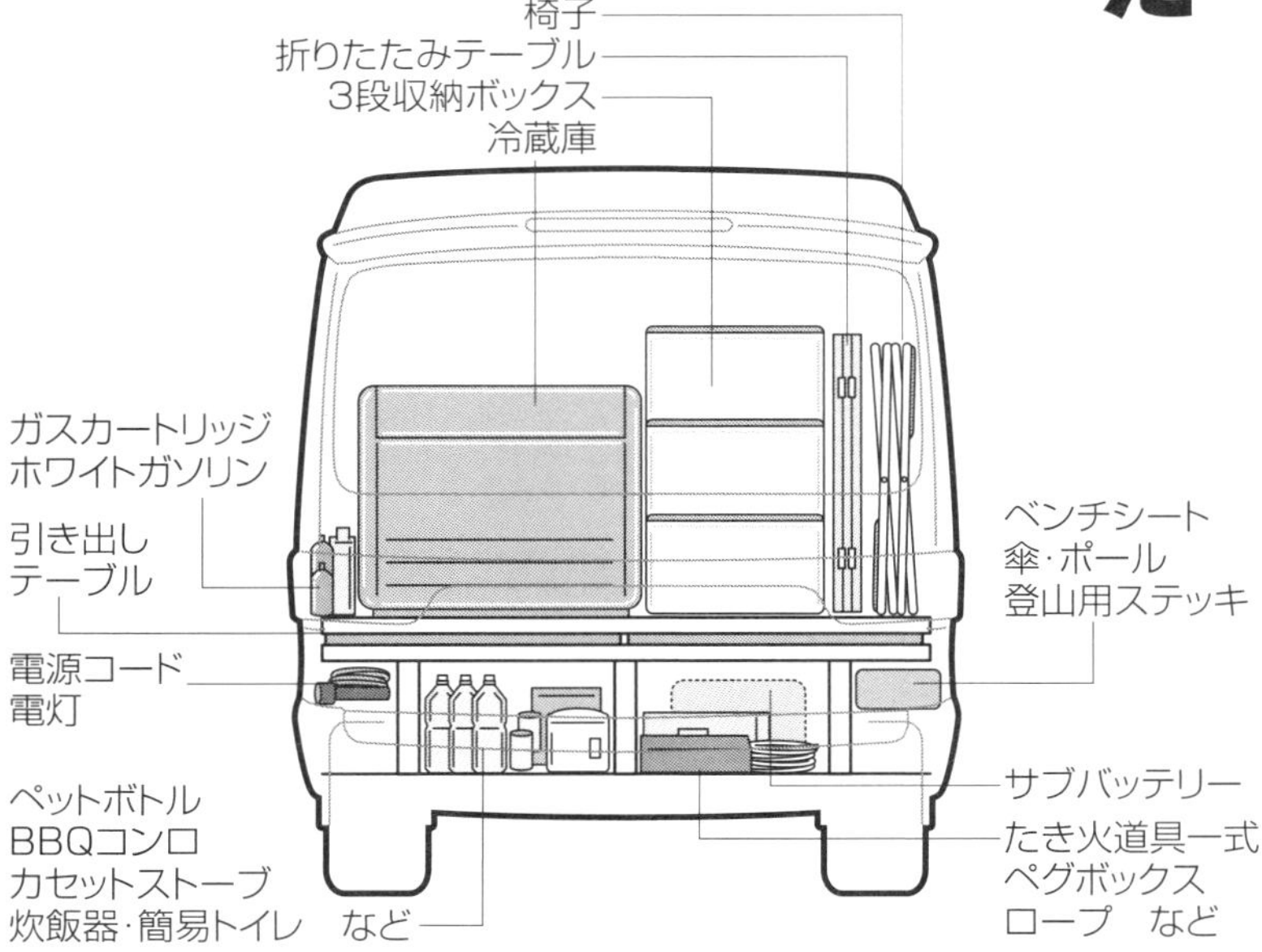

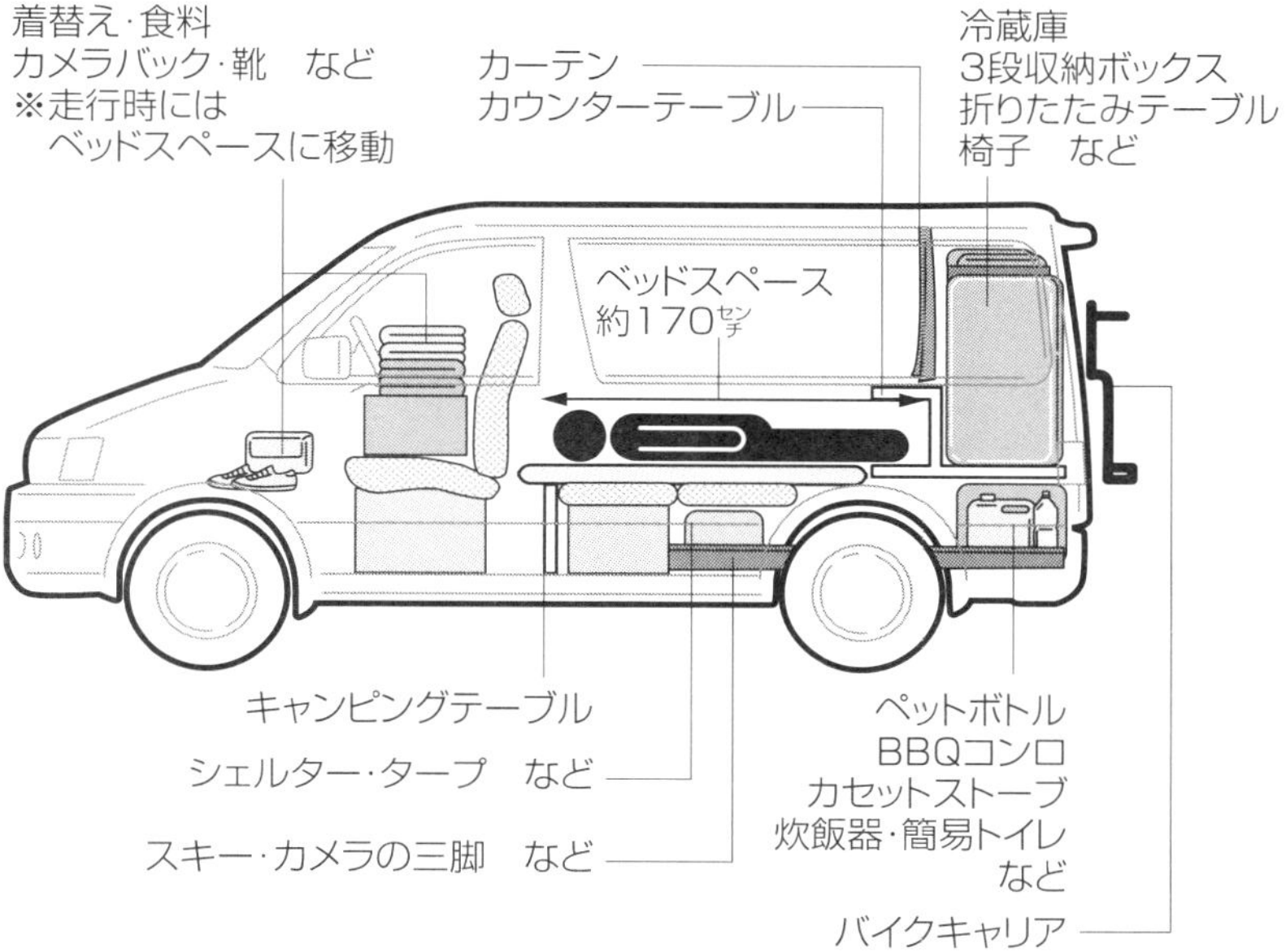
着替え·食料
カメラバック·靴　など
※走行時には
ベッドスペースに移動
カーテン
カウンターテーブル
冷蔵庫
3段収納ボックス
折りたたみテーブル
椅子　など
ベッドスペース
約170センチ
キャンピングテーブル
シェルター·タープ　など
スキー·カメラの三脚　など
ペットボトル
BBQコンロ
カセットストーブ
炊飯器·簡易トイレ
など
バイクキャリア

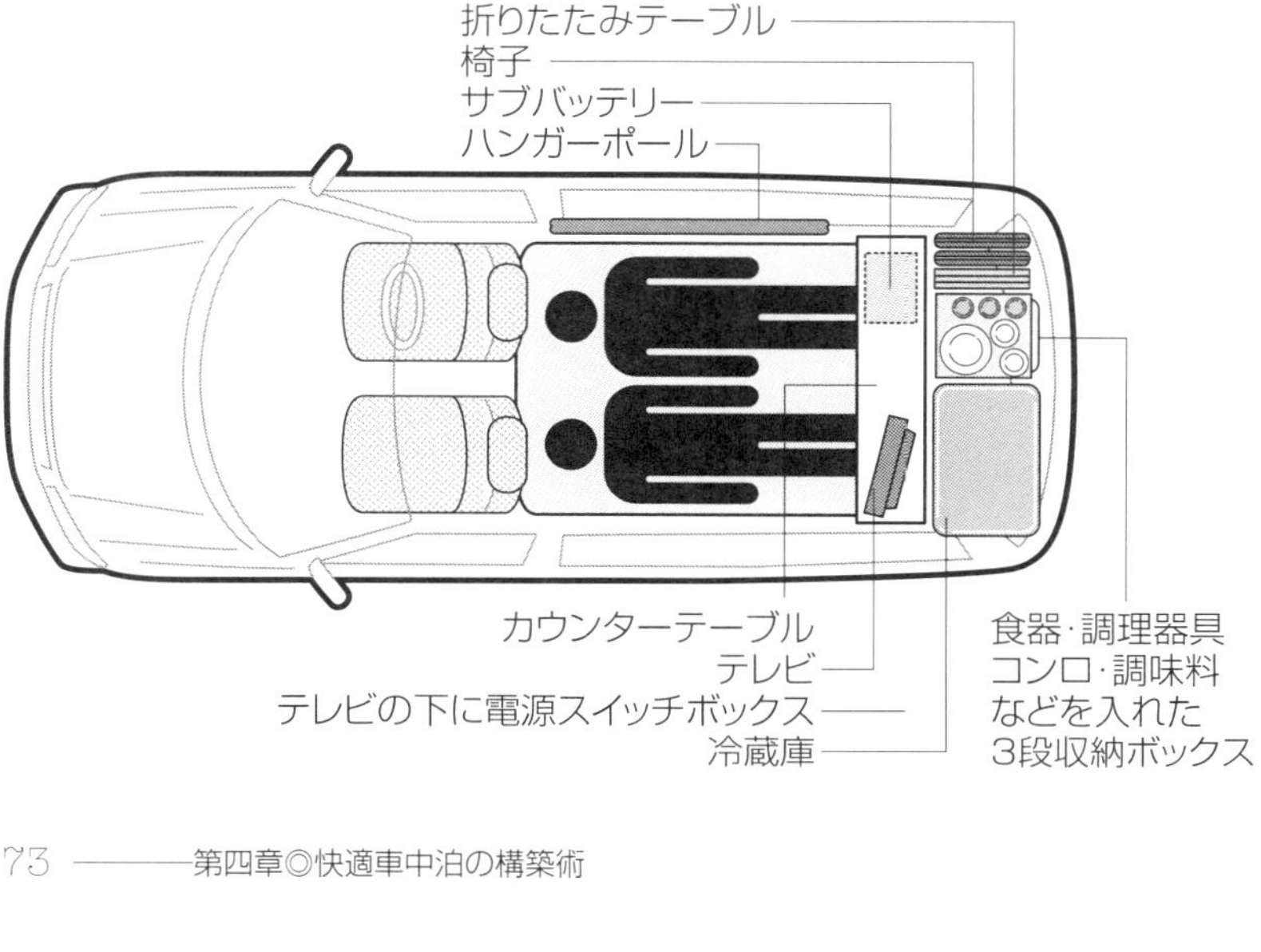
折りたたみテーブル
椅子
サブバッテリー
ハンガーポール
カウンターテーブル
テレビ
テレビの下に電源スイッチボックス
冷蔵庫
食器·調理器具
コンロ·調味料
などを入れた
3段収納ボックス

快適車中泊の神器① 車内ベッド

日常生活でも快適に使える、それが理想のベッドの条件

普段は家族4人で乗用車として使用しているミニバンの場合、2列目シートはシートベルトが装着できる正規の座席として使えなければなりません。つまり理想のベッドは、2列目のシートを倒して完全なフルフラット状態にできるだけでなく、旅行中どこでも簡単に座席に戻せること。また緊急事態に備えて、いつでも車を動かせるよう運転席と助手席を就寝スペースとしては使わないようにすることが前提です。

たとえば、家族全員で田舎の実家に帰省するとしましょう。実家まではシートに座って快適なドライブを楽しみます。到着した翌日からは2列目シートをベッドに変え、子供たちを親に預けて、夫婦だけで1泊2日の車中泊旅に出かけます。2列目シートを完全フラットベッドにできるパーツを積んでいればいたって簡単。具体的にはこういった使い方のできる仕様です。

次頁では、どんなミニバンでもできる、そんな魔法のようなベッドメイキングの方法を紹介したいと思います。

2列目シートを座席に戻した状態。ボンゴフレンディは、運転席と助手席を対座状態にして使えるようになっており、ベッドにするまで車内でトランプをして寛ぐこともできました。

3列目シートを取っぱらってベッドを作った愛車ボンゴフレンディ。3列目シートの位置にカウンターテーブルを配し、軽食ができるレイアウトになっています。

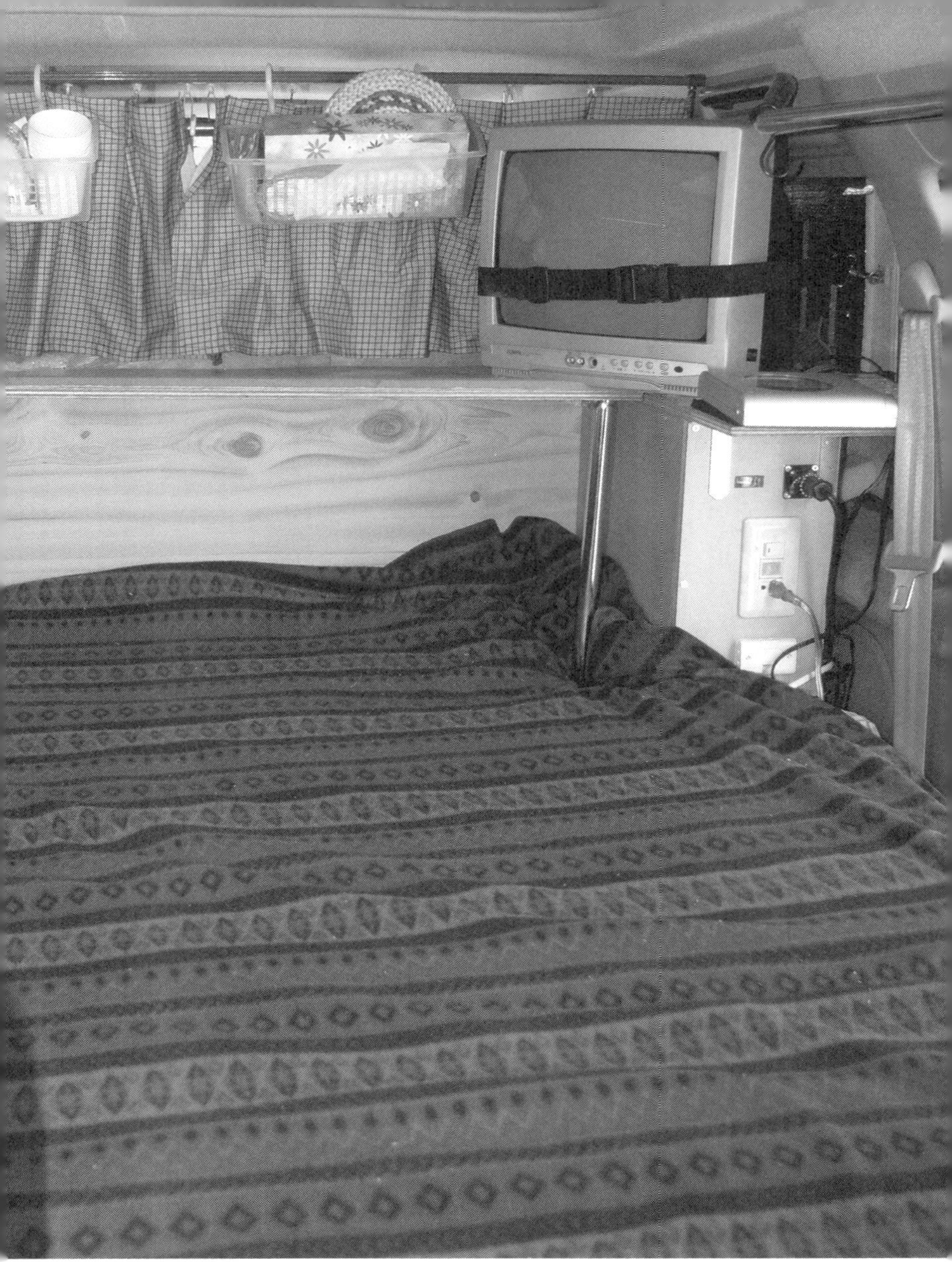

Hand made

手作りガイド①

車内ベッド

熟睡できる快適ベッドの作り方

車内ベッドの製作に必要な資材

・クッション（座布団）
・コンパネ（厚さ12ミリ程度のベニヤ板）
・はめ込み用の板材
・ウレタン銀マット（ジャバラタイプ）
・滑り止めクロス
・3つ折りマットレス
・ベッドカバー
・ベッドシーツ

基本の仕様

体格が大きくなければ、「2列目シートの座面と背もたれ＋3列目シートの座面」の面積を使えば、脚を伸ばして眠ることができると思います。背中と腰が当たるところをしっかりフラットにすれば熟睡できるので、全体を几帳面にフラットにする必要はありません。頭を1列目シートの方に向けて寝るので、2列目シートの座面と背もたれのところに手を加えます。

ベッドのパーツ作り

1 床板（写真❶❷）

①2列目シートの背もたれを倒してフラットにし、縦横の長さを計って、同じ面積の板を用意します。1枚の板だと大きすぎて収納に困るので、2枚で作ります。ホームセンターでコンパネを買って、裁断してもらうといいでしょう。コンパネは重す

ぎると動かすのが大変なので、厚さ12～15ミリ程度を使います。②裁断したコンパネに両面テープでウレタン銀マットを貼った後、銀色の面にスプレーのりで滑り止めのクロスを貼ります。また、2枚のコンパネが前後左右にずれたり、段差ができたりしないように、つなぎ目には「はめ込み」を作ります。メス部はウレタン銀マットをカットして作り、オス部はウレタン銀マットの厚みに合わせた板をネジなどでとめて作ります。

2 ベッドクッション（写真❸）

3つ折りタイプのマットレス（低反発でもOK）のスポンジを使って、床板の上に置くベッドクッションを作ります。

3 ベッドカバー（写真❹）

スライドドア側からの見栄え

（写真❶）床板のメス部。ウレタン銀マットをコの字型にカットして作ります。オス部は、メス部のウレタン銀マットの厚みに合わせた板をネジなどで取り付けて作ります。

（写真❷）シートに床板をセットした状態。床板の下には薄い座布団などを敷き詰めて、できるだけ凹凸をなくしておきます。

（写真❸）スポンジは裁断していくつかのパーツに分けておきます。床板の上に置くときは、ジグソーパズルのように組み合わせて使います。

を良くするためのカバーです。お気に入りの柄の布を選び、2列目シートの背もたれを倒したときの縦の長さ（1列目シートの後ろ～3列目シート間の長さ）を購入します。カバーの上にはさらに敷くものがあるので、生地の横の長さはシビアに考えなくてもいいでしょう。写真のように、全面をカバーできなくてもかまいません。

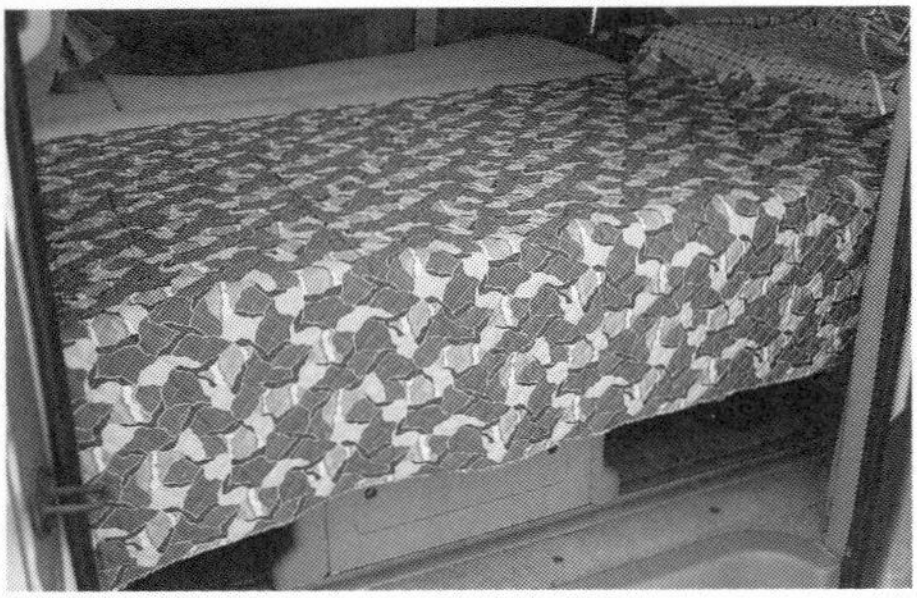

（写真❹）スライドドア側に垂らす布の長さはこの写真くらいを目安に。長すぎるとシートの下に収納した荷物を取り出すときに邪魔になります。

ベッドメイキング

①2列目シートの背もたれを後ろに倒します。床板を載せたときに安定するように、薄い座布団などを使ってシートの凹凸を埋めます。（写真❺）

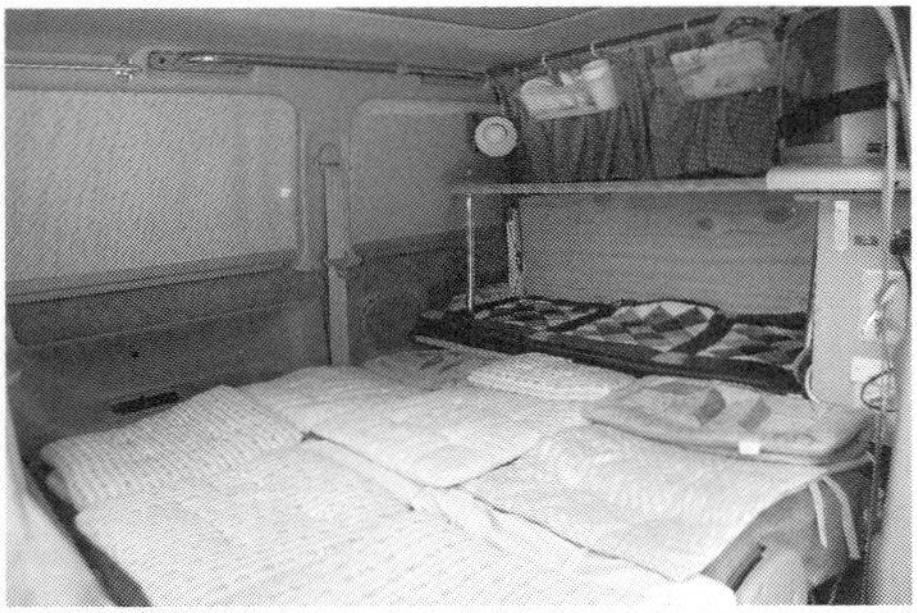

（写真❺）座布団は100円均一ショップなどで買える薄手のものを、何種類か用意すればOKです。

②①の上に製作した床板を置き、ベッドクッションを乗せてベッドカバーをかけます。

（写真❻）ベッドシーツは、冬にはフリース、夏にはゴザのような素材のものを使うと快適です。

③最後にベッドシーツになるようなものを敷けば完成です。（写真❻）

ベッドパーツの収納（写真❼❽❾）

2列目シートの背もたれを起こして走行モードにしたとき、ベッドパーツは3列目シートのところに収納します。座布団やベッドカバー、シーツなどは座席の上に、床板やスポンジなど大きなものはシートに立て掛けるようにして置けば、場所を取ることなくコンパクトに収納できます。

さらなる工夫

私の愛車ボンゴフレンディには、これらの基本的な考え方に加えていくつものアイデアを盛

（写真❼）畳んで小さくなるものは、3列目の座席の上に収納します。

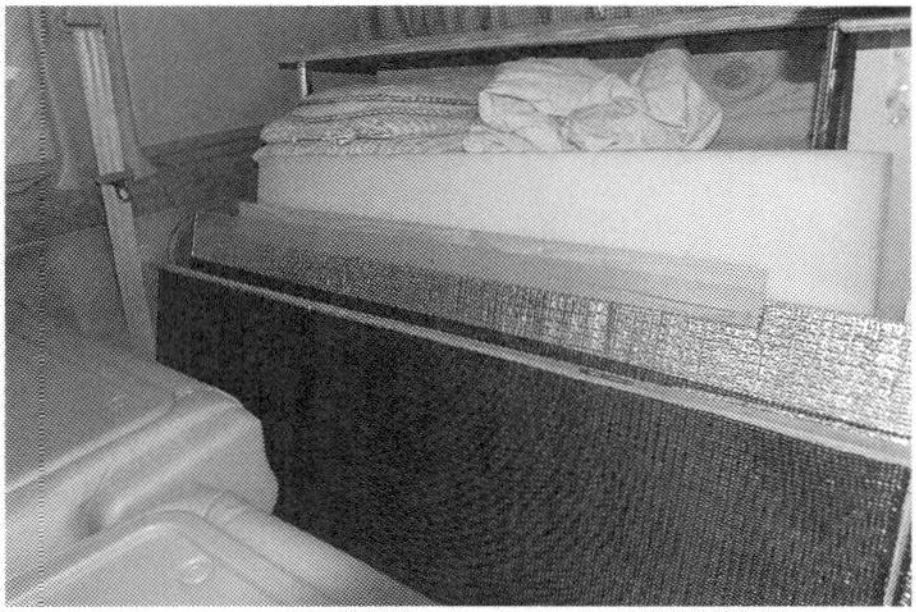

（写真❽）大きなものは、このようにシートに立て掛けるようにして重ねて置きます。

（写真❾）2列目シートを起こした走行モードの状態。この通り見た目もスッキリしています。

（写真⑪）カウンターテーブルは写真のように跳ね上げることができます。跳ね上げたときには、簡易座席が使えます。この簡易シートは走行中には使えませんが、車を停めて食事をするときなどに重宝します。

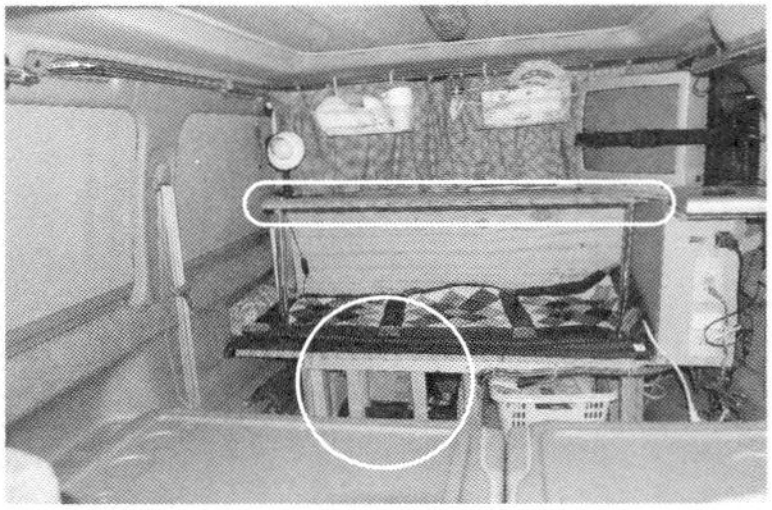

（写真⑩）写真の丸で囲んだところにサブバッテリーを収納しています。簡易座席はベッドの一部分になるので、高さを2列目シートに合わせています。写真の右端にあるのは、コンセントパネル付きボックス。中にはインバーターが入っています。そのボックスの天板を利用して、カウンターテーブル（上の印）も作りました。

（写真⑬）ベッドスペースを拡張した状態。今ではほとんど夫婦でしか車を使わないので、日常でもこの状態のまま車を使っています。

（写真⑫）運転席と2列目シートの間にはキャンピングテーブルを収納して床板を支えています。このわずか30センチのベッドスペースの拡張が快適な睡眠のために役立っています。

り込んでいます。それらの中には、みなさんが活用できるものもあると思うので、参考までにご紹介しておきます。

1 3列目シート（写真⑩⑪）

サブバッテリーの置き場所と収納スペースを確保するために、3列目シートを取り外してツーバイフォーの建材で写真のような「収納棚兼簡易座席」を作って設置しました。裏側にはキッチン機能が収まっています。調理は、リアゲートを空けて車外に立って行ないます。

2 運転席と2列目シートの間（写真⑫⑬）

ベッドメイキングをする際、2列目シートは背もたれを倒した状態で一番後ろまでスライドさせます。すると運転席との間に30㌢ほどの空間ができます。この空間に床板を支える土台を置けば、ベッドスペースを拡げることができます。

3 冬の仕様（写真⑭）

ダブルサイズの電気毛布をベッドスペースに敷き、ホットカーペットのようにして使います。電気はサブバッテリーを使います。

4 夏の仕様（写真⑮⑯）

ボンゴフレンディのポップアップルーフは全面を網戸にすることができるので、夫婦だけの旅でも夜は外気を取り込むために開けて、寝心地の良い車内のベッドで寝ました。また、ポップアップルールを開けることで車内のヘッドクリアランスを大きく広げることもできました。

（写真⑭）ダブルサイズの電気毛布。この上にフリース素材のブランケットを敷いて寝ます。掛け布団には封筒型のダウンシュラフを使います。

（写真⑮）電動で開閉するポップアップルーフは、はめ込み式のサンルーフ付き。

（写真⑯）ポップアップルーフの床を屋根の近くまで持ち上げると、大人でも車内で立って着替えることができます。

快適車中泊の神器② リアゲートキッチン①

テントキャンパーも必見! リアゲートキッチンでの調理

郷土料理を食べたり、空腹時に手軽に食事ができる外食には、ほかにもゴミが出ない、あるいはのんびり過ごせるといった車中泊特有のメリットがあり、旅で多用する人がたくさんいます。しかし、やりたいことを今よりもっと楽しもうとする車中泊の旅では、その目的地の近くに飲食店がない場合もあって、一概にそれに頼るのがよいとは言えません。

第一章でも書いた通り、大事なのは「使い分ける」ことですが、それにはスマートに自炊ができる機能を車に搭載する必要があります。ここで紹介するリアゲートキッチンは、もともとカヌーイストやフィッシャーマンの車に装備されてきた機能で、車中泊に関係なくフィールドで簡単に食事を作ることを目的にしています。またご年配には、お弁当や定食に多い揚げ物を毎日食べるのがつらい人、あるいは夫婦で1人前あれば足りるというときもあるでしょう。

今は自炊が節約になるかどうかも微妙な時代です。それよりも車中泊の自由度を高める手段と考える方が、時流に合っていると私は思います。

料理に時間がかかるビーフシチューも、材料を切るだけなら15分もかからずに済ませられます。

リアゲートキッチンが重宝されるのは、波止場、河川敷、湖畔、海水浴場の駐車場、ゲレンデの駐車場といったフィールドです。私は撮影旅行でも、お腹が空いたりコーヒーが飲みたくなれば、そのような場所を見つけて食事や休憩をすることが多いですし、人の迷惑にならない広い敷地であれば、バックドアを屋根代わりにして椅子とテーブルを広げることもあります。リアゲートキッチンの使い道を、何も車中泊時に限る必要はありません。

また、下の写真は妻が真空調理器を使ってビーフシチューを作っているところですが、道の駅での夕食にする場合は、そこに着く前に先ほどのような場所に車を停めて、先に調理を済ませてしまえばいいのです。

真空調理器はひと煮立ちさせれば煮込み料理が作れる二重構造の鍋で、多少揺れてもシチューがこぼれる心配もなく、移動や入浴をしている間の時間などでちょうど出来上がりを迎えられます。これをフランスパンとともに食べれば、道の駅で火を使うことなく、車内でゆっくりと温かい食事をすることができるでしょう。このように少し発想を変えるだけで、リアゲートキッチンの利便性は広がります。

快適車中泊の神器② リアゲートキッチン②

収納スペースと一体化した使いやすいキッチン機能

家のキッチンには、調理器具、食器、調味料などを収納する戸棚や引き出し、冷蔵庫などの食料保管庫、そしてコンロとまな板などで調理をするスペースとシンクが備わっています。このリアゲートキッチンがすばらしいのは、家庭と同じように収納と調理スペースが一体化した厨房を、コンパクトに凝縮して車載している点です。収納性が良いからモノが散らからず、わずかなスペースを有効に活用できるのです。

それを下の写真で具体的に説明しましょう。

写真の中央左にあるボックスが冷蔵庫です。これは電気だけではなく、カセットガスでも動く優れものです。調理器具や食器、調味料などは、右隣にある3段の収納ボックスに入れています。アルミホイルやキッ

フィールドでお湯を沸かし、これからコーヒーブレイクです。

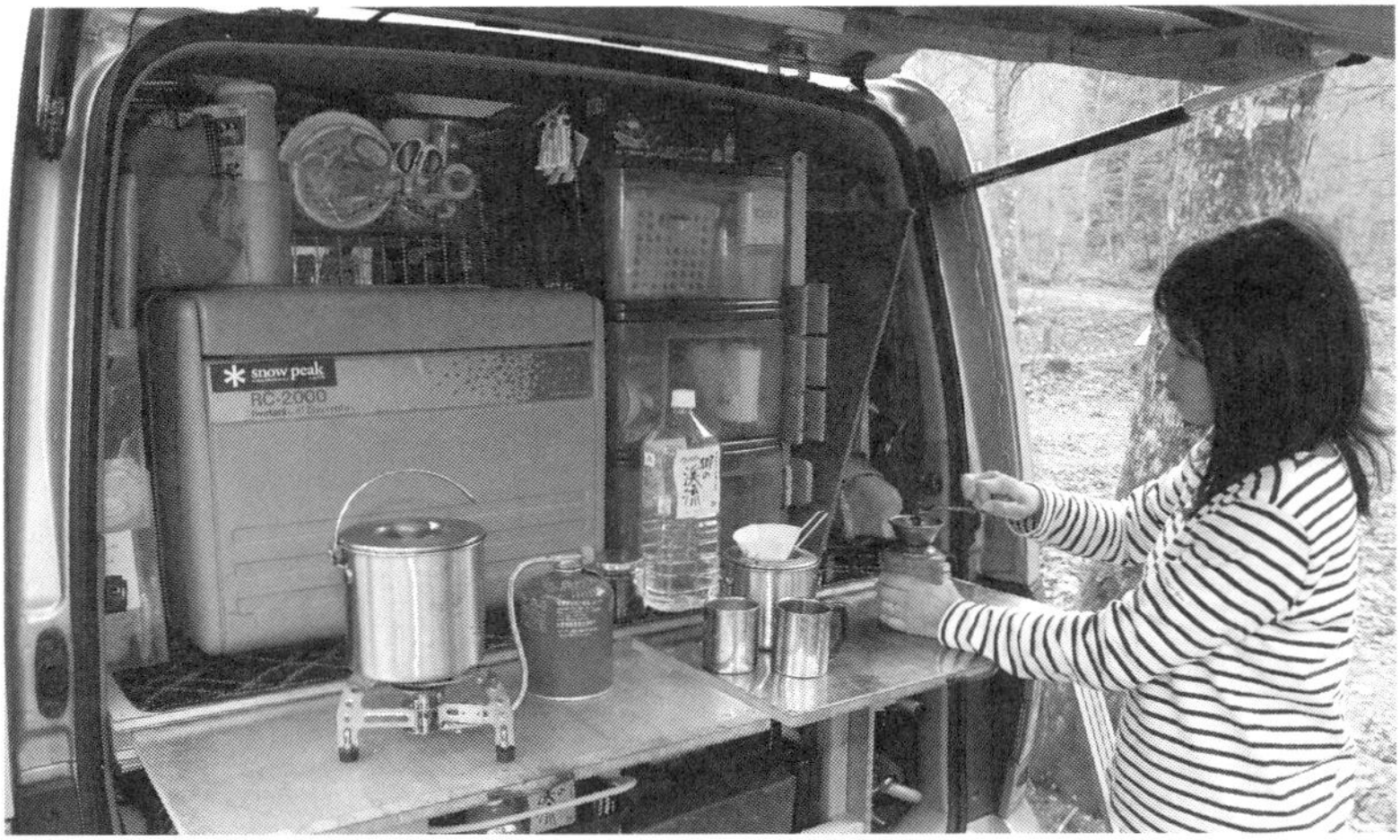

チンペーパー、紙皿、割り箸などは冷蔵庫の上にあるバスケットにまとめています。ここなら、調理中に手が汚れていても取り出しやすいのです。水はペットボトルに入れておいたものを使います。3本6リットルほどあれば2〜3泊は可能です。なお、折りたためるキャンプ用のパックシンクも持参していますが、よほどのことがない限り、鍋や食器の汚れはキッチンペーパーでふき取ります。

次はメニューの話をしましょう。車中泊では食器や調理器具の汚れ物が少なくて済む一品料理が基本です。昼食ならパスタやサンドイッチ、夕食では鍋料理をよく食べます。鍋は調理が簡単なうえに、不足しやすい野菜類が多く食べられ、腹の具合に応じて作る量の調節ができるため、残飯が出にくい車中泊向きの食事です。だんご汁やきりたんぽ鍋といった郷土料理が多いのもほかのメニューとの違いでしょう。またお餅やレトルトパックも重宝します。

そのほかでは湯煎が簡単です。今はおでんをはじめ、コンビニに行けば様々なメニューがそろっています。またカレーの場合は食器の汚れが気になると思いますが、湯煎で温まったカレールーの袋に、白飯をスプーンですくって浸せば洗い物は出ません。これは登山をする人ならではのアイデアです。

リアゲートキッチンがあるからといって、自宅と同じような食事を望んでいたのでは、食器の汚れに汚水、生ゴミが大量に出て、キャンプ場に行く以外に使い道がなくなります。うまく活用するには、メニューを吟味し、スーパーなどで手に入る半調理品やお惣菜などを食事に加えることも必要です。

今はコンビニでもスーパーでも様々な冷蔵食材が売られており、湯煎すれば温めて食べることができます。

Hand made

手作りガイド②

リアゲートキッチン

収納力と機能性を両立したミニバンのキッチン

リアゲートキッチンの製作に必要な資材

・土台用の角材
・スポンジテープ
・コンパネ（厚さ12ミリ程度）
・ステンレスシート
・コンパネの厚みよりやや太い角材
・滑り止めクロス
・滑り止め用ラバー、またはゴム

基本の仕様

リアゲートキッチンに必要なのは、冷蔵庫（クーラーボックス）や収納ボックスを載せられるフラットなスペースと、調理作業を行なうための引き出し式の棚です。それらの機能を備えたリアゲートキッチンは、3列目シートを取り外さなくても設置できます。設置場所は、3列目シートの背もたれとリアゲートとの間。リアゲートキッチンの奥行きは、収納ケースの奥行きに合わせるといいでしょう。3列目シートを残したままにするときは、奥行きがおよそ40センチ程度までの収納ケースが妥当だと思います。

（イラスト❶❷）

リアゲートキッチンの作り方

❶土台

まずは引き出し式の棚を載せる土台を作ります。リアゲート

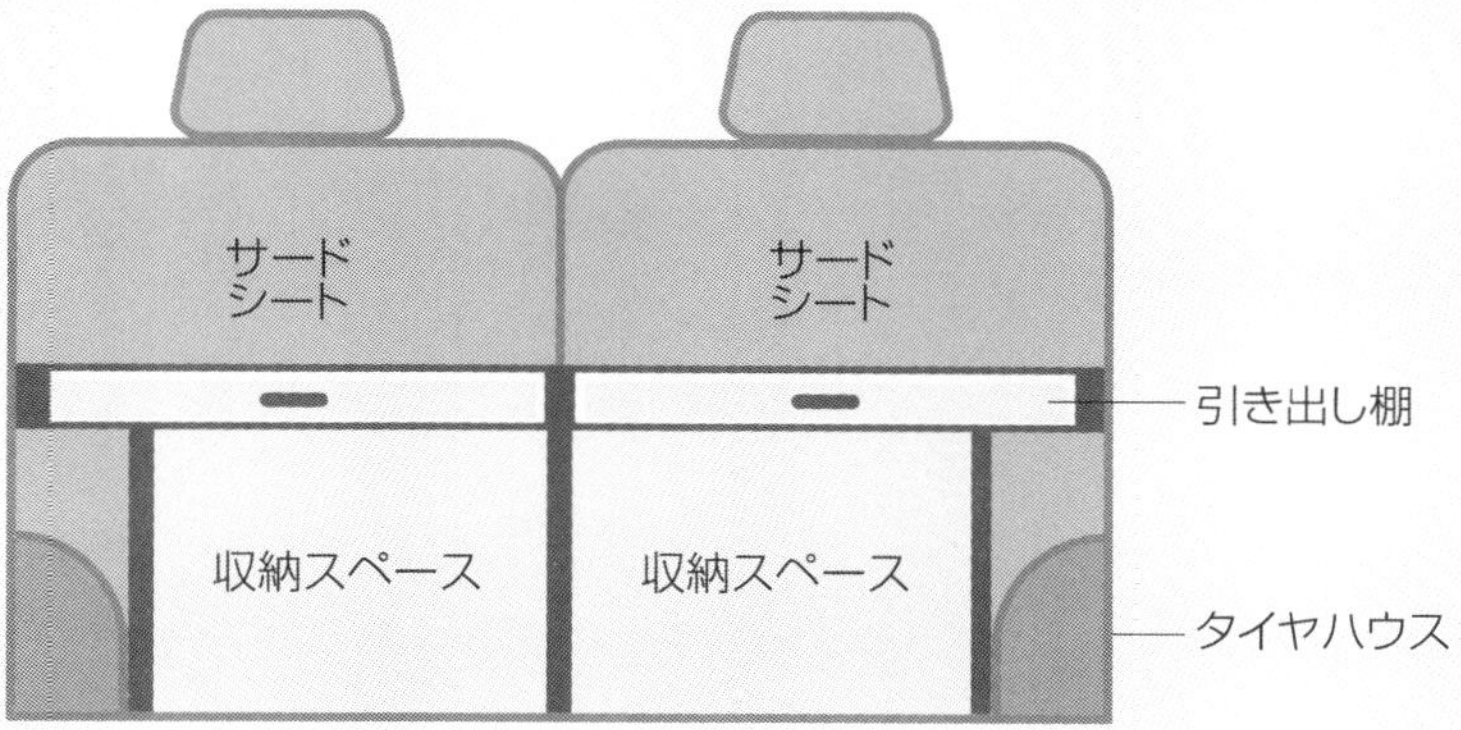

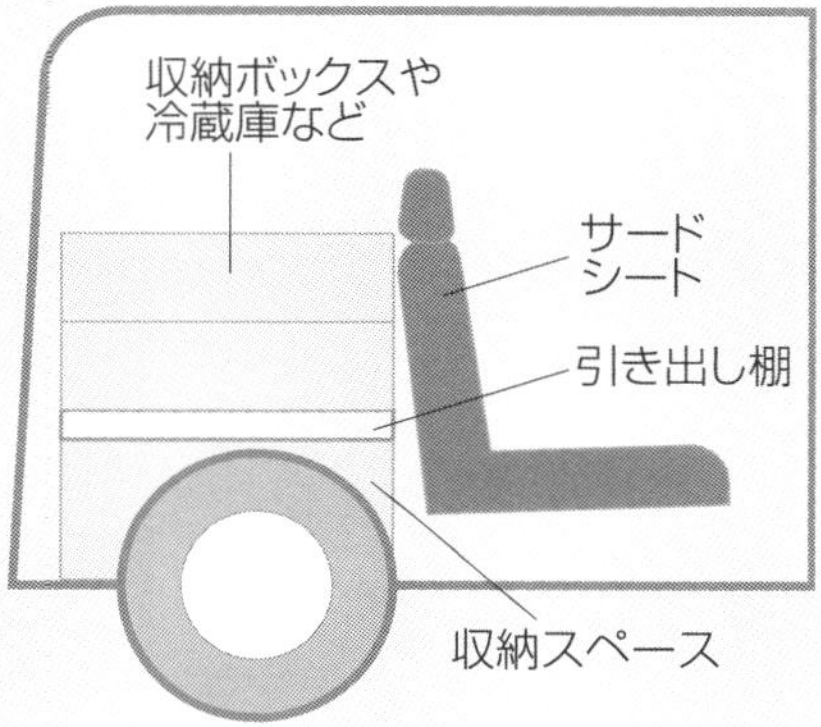

上）（イラスト❶）リアゲート側から見た図。引き出し棚の上には、重量がある冷蔵庫と収納ボックスを乗せるので、頑丈な角材で足場を組む必要があります。左右にはタイヤハウスの出っ張りがあるので、そのギリギリ内側に収まるように、引き出し棚を乗せる土台を組みます。
下）（イラスト❷）横から見た図。冷蔵庫や収納ボックスを積み上げたときの高さは、安全のためできればルームミラーで後方確認できるくらいにとどめておきましょう。3列目シートよりも高く積み上げる場合は、板で壁を作り、急ブレーキを踏んでも座席側に落ちてこないようにしておかなければいけません。また、上り坂を走ったときに、棚全体が後方のリアゲート側にずれてしまわないようにもしておきましょう。

キッチンを設置するスペースを正確に計測して図面を描き、使用する資材のサイズや数を割り出しましょう。柱に使う資材は、頑丈で安いツーバイフォー建材がおすすめです。柱は四隅だけではなく、四辺の真ん中にそれぞれ1本ずつと対角線の交差点にも1本、計9本設置します。さらに両サイドとセンターにはコンパネを貼り付け、重みやゆがみに強い作りにします。（イラスト❶）

なお、ホームセンターで角材とコンパネを購入するときに、描いた設計図をもとに裁断してもらえば、楽に綺麗なものを作ることができるでしょう。

車に設置するときは、上り坂

やカーブで土台が前後左右にずれてしまわないように、床との接地面にラバーかゴムを打ち付けておきましょう。また、床に滑り止めのクロスを敷いておくのも効果的です。サイドにはスポンジテープを貼り、車の内装を傷つけないようにします。

また、引き出し式の棚が飛び出してしまわないように、写真❶のように引き出し棚の土台のコンパネにも滑り止めのクロスを貼っておきます。

❷引き出し式の棚

引き出し棚の土台と同じサイズのコンパネをもう1枚用意し、天板に使います。3本の角材を取り付けた土台の上に、用意した天板を設置。角材を挟むことでできた空間に合わせて、引き出し棚を作れば完成です。もちろん、引き出し棚は抜き出すことが可能。このように、非常に簡単な仕組みです。（イラスト❸　写真❷❸）

リアゲートキッチンの応用例

先に作り方を紹介したリアゲートキッチンは、立って調理をするタイプです。引き出し棚の高さをバンパーのすぐ上のところまで下げれば、座って調理ができる仕様になりますがあまりおすすめではありません。

収納例

①収納ボックスには、調理器

（写真❶）引き出し棚の土台の板の上には、滑り止めのクロスを貼っておくといいでしょう。引き出し棚がずれて出てくるのを防げます。

イラスト❸

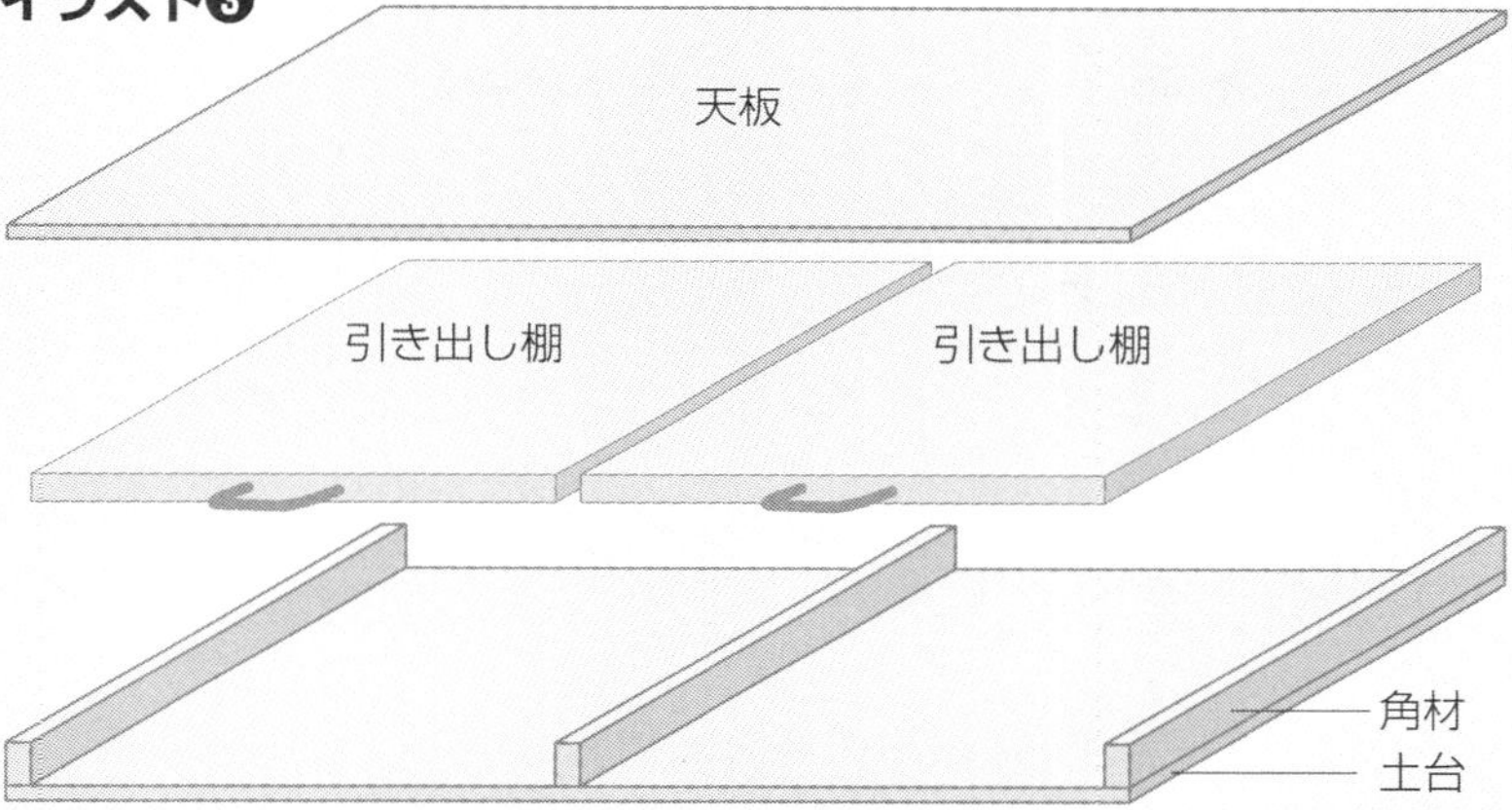

(写真❸) 冷蔵庫や収納ボックスなどの荷物を積み込んだ状態。

(写真❷) 引き出し棚には、汚れの防止と耐水・耐熱のためステンレスシートをネジで取りつけます。

(写真❹) 引き出しの位置を高くしているのは、調理だけでなく様々なロケーションでの使用を考えての設計です。車の床面の高さに設置すると、どんな作業をするにも椅子が欲しくなり、特に道の駅ではマナー違反扱いにされる可能性が高くなります。キッチンと食卓は分けて考えた方が無難です。

具・調味料・コンロなどの火器類を入れておきましょう。（写真❻）
②紙皿や紙コップ、サランラップやアルミホイルなどの消耗品やダスターなどは、すぐに取り出せるところに置いておくようにしましょう。（写真❼）
③汚れた食器の保管には、クーラーボックスや冷蔵庫を活用します。デイキャンプ（日帰りの飯盒炊さんなど）の後片づけでもよく使われる方法ですが、使用した食器や鍋の汚れをキッチンペーパーなどで軽くふき取ってから、空になったクーラーボックスや冷蔵庫に入れて持ち帰ります。密閉できるので、臭いも気になりません。

（写真❺）ステップワゴン（ホンダ）にリアゲートキッチンを搭載した例。車外にほとんど荷物を出さずに、調理をすることができます。こちらのリアゲートキッチンは、立って調理をするタイプ。基本設計は同じですが、引き出し棚の大きさを変えたり、柱にイレクターパイプを使うなど、オリジナルのアレンジが加えられています。

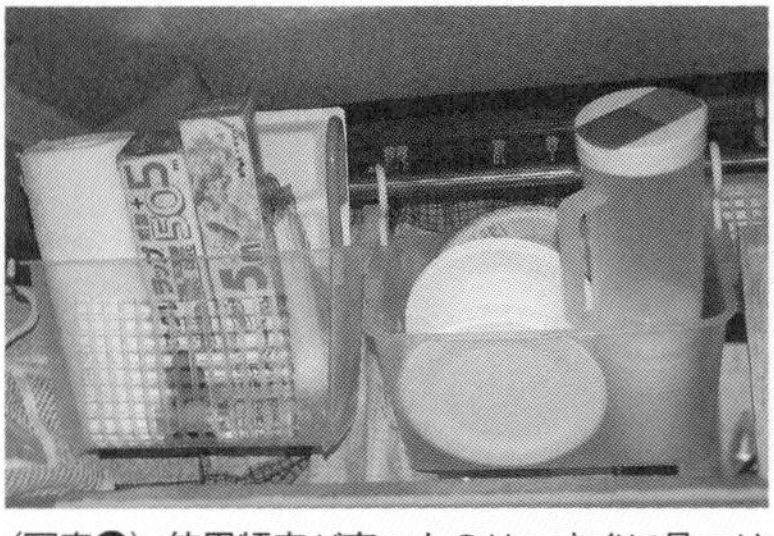

（写真❼）使用頻度が高いものは、すぐに見つけられるように、バスケットに収納しておくと便利。狭いスペースでの作業効率が良くなります。

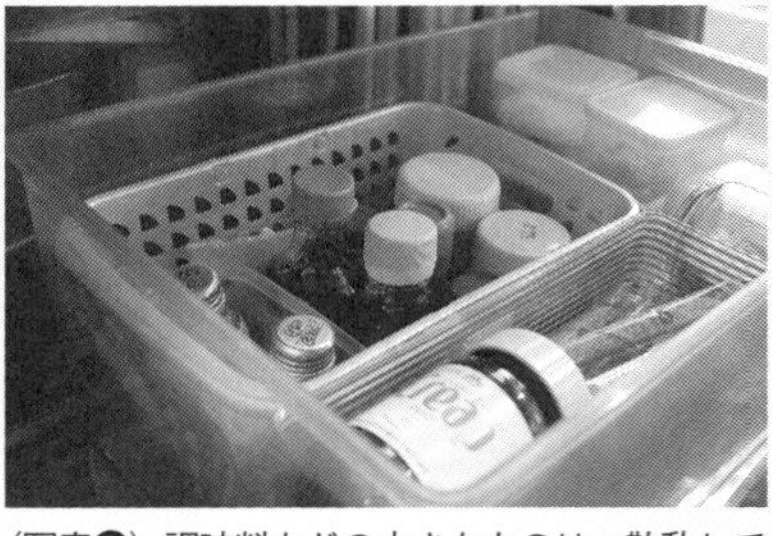

（写真❻）調味料などの小さなものは、散乱してしまわないようにバスケットに入れて整理しておきます。

手作りガイド③
カウンターテーブル

雨や雪の日に、リアゲートキッチンで調理した食事を車内で手軽に食べるために作ったのが、カウンターテーブルです。1人ならここで食事を済ませることができますが、2人の場合は、小さなちゃぶ台を併用します。お茶などのこぼしてはいけない飲み物をカウンターテーブルに、料理をちゃぶ台に置いて食事をします。

真冬や道の駅で車中泊する際に車内で食事をするときの様子です。車内で調理をすることはまずありません。

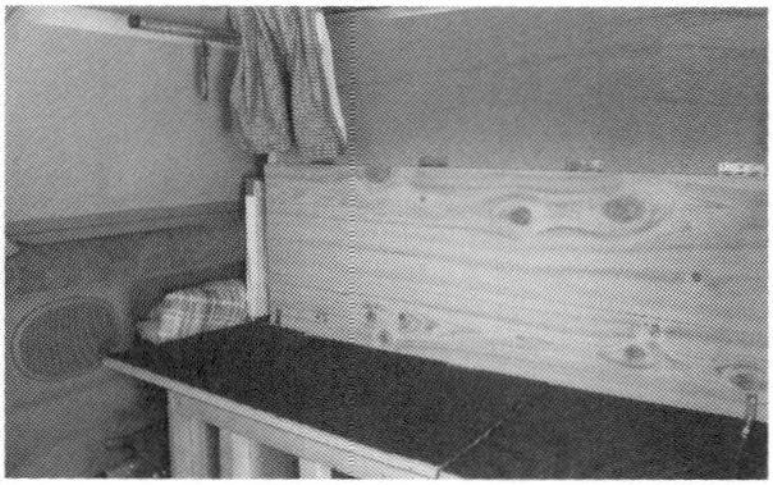

カウンターテーブルの天板を起こせば簡易座席に。また床を上げるとサブバッテリーの交換ができるようにしてあります。

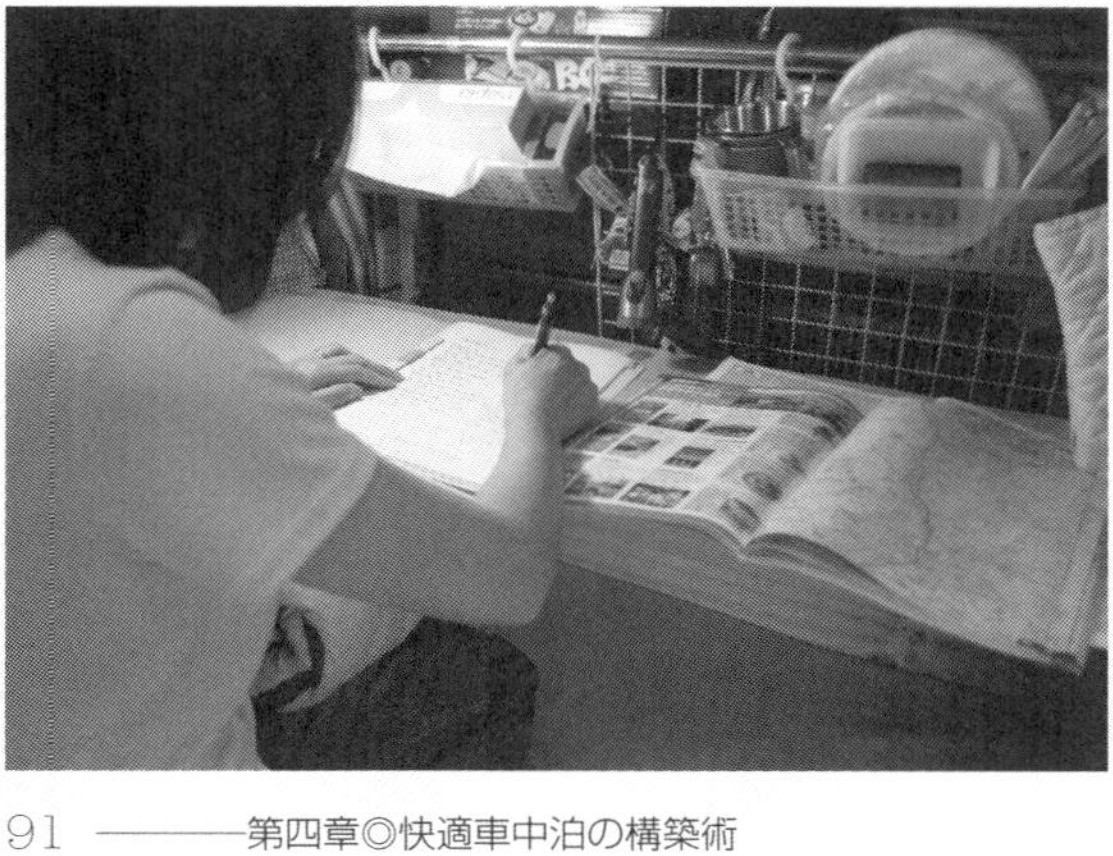

カウンターテーブルは就寝の邪魔にならないうえに、足元が空いています。そのため一人が寝てしまっても、作業をしたりパソコンを使ったりできます。狭いミニバンの車内を効果的に活用するには、このようなアイデアが有効です。

快適車中泊の神器③　サブバッテリー

車内で家電を使えるようにするインバーターとサブバッテリー

スマートフォンを使う人が多くなった今は、車中泊をするなら車内で充電ができるようにしておくことが必須だと思いますが、その方法は大きく分けると3つあります。

一番簡単なのは、ダッシュボードにあるシガーソケットに接続し、車のバッテリーから電気を引き出すカーインバーターの利用です。最近の車にはそれを内蔵しているモデルも多くありますが、なくてもカー用品店に行けば数千円で入手できます。ただし充電は「走行中」に行なうのが基本で、最大でも100W程度しか利用できないので、携帯端末やデジカメの充電用と考えましょう。

車のバッテリーを使わずに家庭用電気製品（家電）を利用するには、別のバッテリーが必要で、それを総じてサブバッテリーと呼びます。サブバッテリーには自宅で充電しておき、必要時に持参するポータブルバッテリーと、車に備え付けで走行充電・外部充電機能を持つサブバッテリーシステムの2つがあります。炊飯器や冷蔵庫の使用を考えるのであれば後者を選ぶ必要があります。

カーインバーターは、車のシガーソケットに差し込み、直流12Vのバッテリーの電気を交流100Vの家電用に変換するための機械です。

そのため、本格的なサブバッテリーシステムの搭載を希望する人は多いと思います。搭載は可能ですし、あれば便利ですが、冷蔵庫を稼働させるなら、屋根に300Wクラスのソーラーパネルを載せて発電しないかぎり、2～3日ほどでサブバッテリーは枯渇し、一度枯渇すれば充電に数日間を要します。しかも設置費用は、ソーラーパネルを含めると50万円近い金額になるでしょう。

そこで車中泊における家電とサブバッテリーの理想的な使い方についてアドバイスをします。基本は充電できる内臓バッテリー付きの製品の利用、キャンピングギアの利用、そして「割り切り」の3つです。

具体的な例で説明すると、たとえば照明機器は充電式の乾電池とLED電球、またインターネットはノートパソコンではなくタブレットで見るようにするだけで、電気の消費量は大幅に抑えられます。また扇風機やポータブルテレビにも内蔵バッテリー付きの製品があります。これらはサブバッテリーがなくても、走行中に順次カーインバーターを使って充電することができるので、とりわけ車中泊には適しています。そして冬は、前述した通り暖房ではなく防寒を施し、4シーズン用のシュラフで寒さを凌ぎましょう。

最後は「割り切り」ですが、サブバッテリーシステムを組む場合は700W程度のインバーターとサブバッテリーを1本にすることです。電子レンジを使うようなことがなければ、それで十分に役立つでしょう。また長旅をしないのなら、家電を使う日にはキャンプ場の電源サイトを利用するのが一番です。

バッテリー内臓で、満充電なら約3時間地デジが映るポータブルテレビ。電波状態が悪ければ自動でワンセグに切り替わります。

サブバッテリーシステム

車にサブバッテリーシステムを構築する際の留意点をご紹介しましょう。

電子レンジと電気毛布を使うためのサブバッテリーシステムを搭載するには、取り付け工賃込みで30万円近い費用がかかると思います。しかし、FFヒーター（キャンピングカーによく搭載されている機器。エンジンを切ってもガソリンを燃料にした暖房ができる）を取り付けるだけでも20万円近くすることを考えれば、通年利用できて汎用性の高いサブバッテリーシステムは、コストパフォーマンスに優れた装備といえます。走行による充電ができるので、余分な燃料費もかかりません。取り付けるバッテリーの容量や数など、利用目的に応じた規模のセットが組めるのも魅力です。興味がある人は、一度、近くのキャンピングカーディーラーに相談してみるといいでしょう。

サブバッテリーシステムの主なパーツ

1 バッテリー

ディープサイクルバッテリーと呼ばれるタイプのものを使用します。これは、自動車用バッテリーとは違い、放電時に安定した電圧を持続し、頻繁に行なう充放電にも耐えられるバッテリーです。また、有害な水素ガスの発生が少ないので、車内に取り付けるキャンピングカーのサブバッテリーとしてよく使用されています。ちなみに、ダブルサイズの電気毛布を使う就寝を2日行なうために必要な容量は約105Ahのバッテリーです。電気毛布のほかに、炊飯器やテレビ、DVDプレイヤーなどを使用するなら、さらにバッテリーが必要です。

2 サイン波インバーター

インバーターとはバッテリーの直流を交流に変換し、交流100Vの家電を使えるようにする機械です。特にマイコンで温度調節を行なう電気毛布を使用する場合は、サイン波（正弦波）を発するタイプのインバーターが必要になります。また、電子レンジやドライヤーなどの高い起動電力が必要な電化製品を使いたければ、1000W以上の大容量タイプのインバーターが必要です。

3 外部充電器

大容量のサブバッテリーをフル充電するには、停車中に外部のコンセントを使って充電をする必要があります。

4 走行充電器（アイソレーター）

アイソレーターは、電気の流れを一方通行に規制する機器。走行中は自動車が通常積んでいるバッテリー（メインバッテリー）経由でサブバッテリーに電気を流して充電し、逆にサブバッテリーからメインバッテリーに電気が流れないようにコントロールします。

ソーラー発電システムは、発電機とは違って単独で使うことはできません。屋根にあるソーラーパネルで発電した電気は、コントローラーという機器を介してサブバッテリーに送られます。つまりサブバッテリーシステムの充電方法のひとつとして用いられています。

そのほかのおすすめ装備①

車内が丸見えでは危ない！カーテン＆フィルムで安全確保

車中泊を行なうとき、車には特殊な装備や多くの荷物を積むことになります。それらを車外から簡単にのぞき見られないようにしておきましょう。防犯を考えると、それは車内での就寝中だけではなく、常にそうしておく必要があります。たくさんの荷物が積めるように設計されたステーションワゴンやＳＵＶには、防犯上、必要だからです。残念なことに、釣りや写真撮影の有名スポットには、車上荒らしが多く出没し、被害が絶えません。車から離れても安心して観光ができるよう、ミニバンにもフロントガラスと運転席・助手席以外の窓には、できる限り対策を施されることをおすすめします。

また最近は、ヒートカッターというフィルムが販売されています。透明断熱フィルムとも呼ばれるもので、車内温度の上昇・下降が抑えられるので、エアコンの効きを良くする効果があります。暑さや寒さが大敵となる車中泊には、最適の武器といえます。これから窓ガラスの防犯対策を行なう人は、一度、検

サンルーフは、冬には日差しを取り込むことで車内を暖かくしてくれます。でも、開けたままでは、フロントガラス越しに車内の様子がよく見えてしまいます。

討してもいい製品のひとつでしょう。

　スモークフィルムや色の濃いガラスは、日中には車内の様子を見えにくくしてくれます。しかし、夜はそうはいきません。車内で明かりをつけると車外から丸見えになってしまいます。就寝時のプライバシーを保つには、窓の視界を遮るカーテンが必要になります。両サイドとリアはそれほどでもありませんが、フロントカーテンの付け方には、多少、気をつかわなければいけません。なぜなら、頭を1列目シートの方に向けて寝るような車内レイアウトを考えている場合、1列目と2列目シートの間を仕切るようにフロントカーテンをつけてしまうと、就寝時にカーテンがちょうど顔の辺りにきて邪魔になるからです。また、フロントカーテンがその場所だと、閉めたときに圧迫感を感じる人もいるでしょう。

　ではどこにフロントカーテンを取り付ければいいのかというと、フロントガラスぎりぎりの位置に付けるといいでしょう。実は初代のボンゴフレンディのオプションで付けられるカーテンはその位置についていたのですが、マイナーチェンジによって廃止されてしまいました。フロントガラスぎりぎりの位置に取り付けられれば、寝る時だけでなく、夏に日差しで車内が高温になってしまうのを防ぐサンシェード代わりにもなります。三種の神器同様、このスグレモノの作り方は98頁で紹介したいと思います。

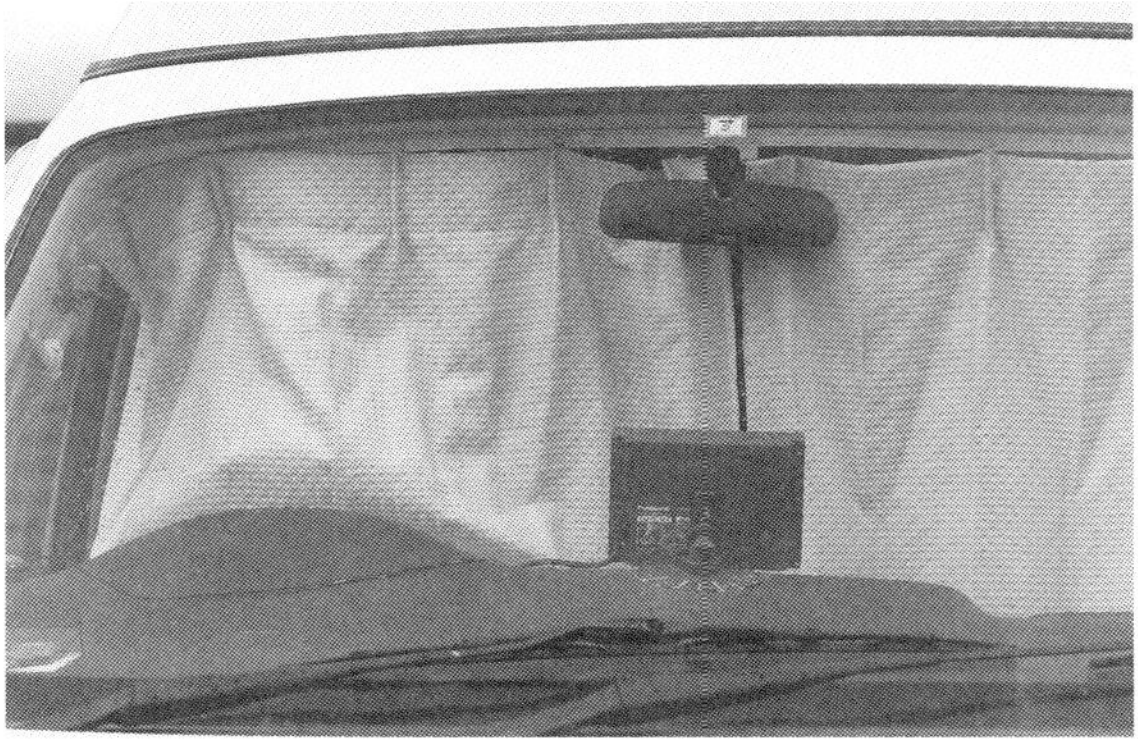

フロントガラスぎりぎりのところに付けたフロントカーテンを閉めた状態。

Hand made

手作りガイド④

フロントカーテン

フロントガラスぎりぎりに付けるのが正解!!

フロントカーテンに使用する資材

・出窓用カーテンレール
・遮光カーテン
・針金

基本の仕様

助手席のドアからフロントガラスを経由して運転席まで、コの字型にカーテンを吊るせるように、出窓用のカーテンレールを取り付けます。（写真❶）

フロントカーテンの作り方

1 カーテンレール

自由自在に形を変えられる出窓用カーテンレールを、必要な長さにカットしてカット面を綺麗に処理します。

写真❶

2 カーテンを裁断

運転席のドアガラスとフロントガラスの半分を被う1枚と、

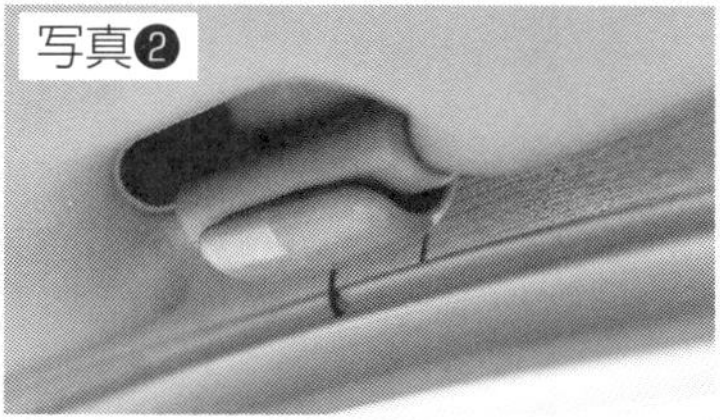
写真❷

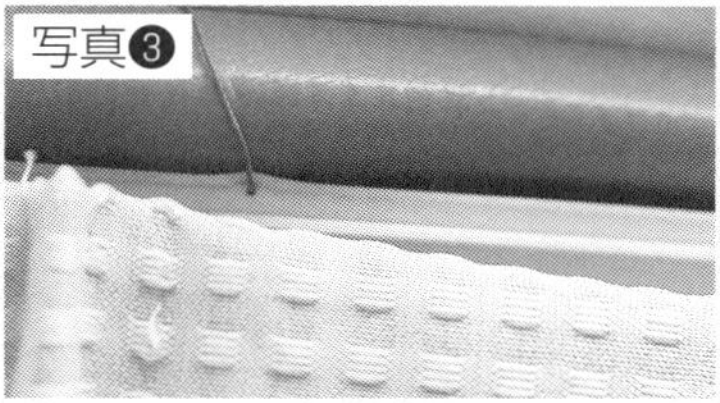
写真❸

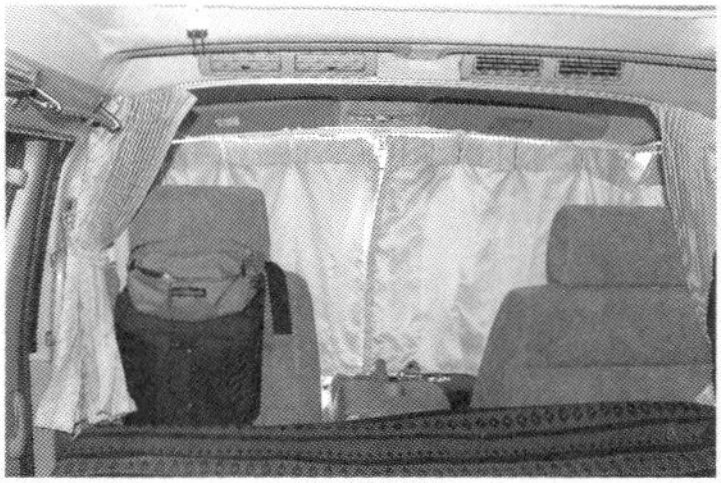
（写真❹）夏の就寝時には、断熱用ウインドシェードをフロントガラス部には使いません。フロントカーテンがあると、夏でも運転席や助手席の荷物が隠せるので便利です。

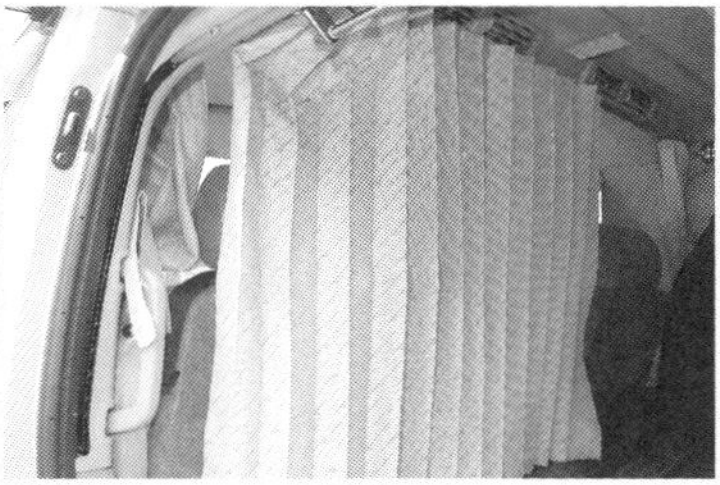
（写真❺）メーカーオプション装備の1列目シートと2列目シートの間にあるカーテン。これを閉めてしまうと、車内空間が狭く感じられ、圧迫感があります。

助手席ドアガラスとフロントガラスの半分を被う1枚、計2枚のカーテンを用意します。それぞれのカーテンの幅は、10㌢くらい長く裁断して、カーテンを引いたときにフロントガラスのセンターでしっかり合わさるようにしておきましょう。遮光カーテンの既製品を購入し、リメイクすれば簡単に作れます。

取り付け

この取り付けが一番難しいところです。カーテンレールにきりで小さい穴を開け、針金を通して車に結び付けていきます。

①フロントガラス側は、サンバイザーを止めている部分を利用して固定します。（写真❷）

②両サイドは、ドア上部の車両本体に固定します。私の場合は、内装材を止めているパッドを利用して固定しました。両サイドの固定場所や方法は、車種によって変わると思いますが、間違ってもドア部に取り付けてしまわないように。ドアの開閉ができなくなってしまいます。（写真❸❹❺）

そのほかのおすすめ装備②

雨の日に効果を発揮するサイドオーニング

サイドオーニングは、キャンピングカーのシンボリックなアイテムなので、ご存知の人も多いのではないでしょうか。キャンプ場でタープの代わりに車から張り出し、気持ちよさそうな日陰を作って寛ぐ様子は、いかにもアウトドアらしい雰囲気を醸し出しています。

車中泊でサイドオーニングが一番役に立つのは雨の日です。特に車内の片づけを車の外に出てすることが多いミニバンでは、ほんの数十センチ程度の「軒先」を作るだけで、傘をさしたりカッパを羽織ることなく、スムーズに作業が行なえるのです。もちろんその程度なら、道の駅でも隅に移動して行なえば、とやかく言われる心配はありません。またキャンプ場では、雨だけでなく夜露から人や椅子、テーブルを守る際にも有効です。実用性を考えると、サイドオーニングはキャンピングカーよりも、むしろミニバン向きかもしれません。

なお日除けについては、太陽の向きや移動に対して、自在にサイドオーニングを当てがうことができる場所でなければ、たいした効果は得られません。

雨の日はこのくらいサイドオーニングを伸ばすだけで、乗り降りの際に濡れずに済みます。

利便性の高いサイドーニングですが、その取扱いには注意が必要です。一番の敵は強風です。サイドオーニングは下から風に煽られると、付け根からへし折られ、収納することができなくなる恐れがあります。風が出てきたらロープとペグで固定を補強するか、収納しましょう。

また雪と雨にも警戒が必要です。雲行きの怪しい日は、サイドオーニングの左右のポールの高さを変えて、雪や雨が溜まらないように傾斜をつけましょう。上に溜まると重さでポールが折れてしまう可能性があります。

なお、サイドオーニングをボディーに直接取り付けるには、ボンゴフレンディやハイエースに付いているレインモールとボディーへの穴あけ加工が必要です。レインモールが付いていない車種では、屋根にシステムキャリアを載せ、それに固定しなければいけません。ただこの方法はボディーに穴を開ける必要がないので、あえてこちらを選択する人もいるようです。

サイドオーニングの基本的な使い方です。

そのほかのおすすめ装備③

カーサイドシェルターで虫や風をシャットアウト

かつてはカーサイドタープに人気がありましたが、現在の主流はシェルターです。もちろん、キャンプ場での使用がメインですが、夏には虫の侵入を阻み、冬には冷たい風を遮断する便利なキャンピングギアです。通年で快適な車中泊を楽しみたいと考えている人にはおすすめしたいアイテムです。

数年前までは、サイドオーニングに連結して使用するタイプがほとんどでしたが、現在ではミニバンからステーションワゴンまで幅広く使え、サイドオーニングがいらないドーム型の製品が手頃な価格で販売されています。車のスライドドアの真横に設置できるので、コンパクトにオートキャンプが楽しめる優れた製品のひとつだと思います。

カーサイドシェルターを設置したボンゴフレンディ。

現在ではそのような便利なアイテムが市販されていますが、私が自分の車にカーサイドシェルターを導入しようと考えたときには、自作するしかありませんでした。市販されていたロッジシェルターを改良して、カーサイドシェルターを作ったのです。サイドオーニングで内側から屋根部分を支える構造なのですが、ベースが市販のロッジシェルターですから、使い勝手もよく、広いスペースを覆ってくれるので重宝しています。

夏の夜は、メッシュにして虫の侵入だけを阻みます。

冬は一酸化炭素中毒に気をつけながら、できるだけ締め切って、中でストーブをたきます。

心地良い桜の季節には、全開にして開放感を味わいます。

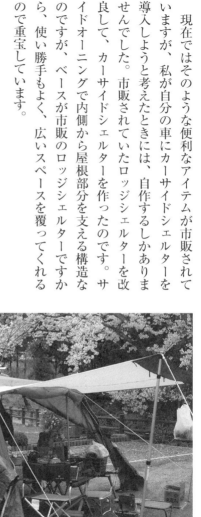

そのほかのおすすめ装備④

バックドアキャリアで荷物の搭載力をアップ

車の搭載力をアップしてくれる強力な装備が、バックドアや屋根に設置するキャリアです。特に使用しないときはたたんでおけて、必要時に広げて使えるバックドアキャリアは実用性が高くおすすめです。私はサイクルキャリアを使用していますが、理由は荷台として使える面積が広いからです。

主な使い道は、釣り道具と雨で濡れたシェルター、そしてゴミの搭載です。釣りでは、サビキなどの餌に使うアミエビと、釣った魚を入れたクーラーを車内に置くと臭いが気になります。そこでその2つはコンテナボックスに入れて、車外で保管するようにしています。また普段は車内に収めているシェルターも、一度雨に濡れると乾くまでは元のようにコンパクトに畳むことができません。そのためキャリアに積んで移動します。また無料のキャンプ場や河川敷など、ゴミ箱のない場所でキャンプをした際は、折りたたみのコンテナボックスを臨時のゴミ入れにして、同じようにキャリアに積み、自宅に持ち帰るか処分できるところまで運びます。

バックドアに取り付けるサイクルキャリア。普段はこのようにたたんだ状態で使います。

バックドアキャリアをおすすめする理由はもうひとつあります。屋根に載せるルーフボックスには、ロックができることと、運転時の視界を妨げない利点がありますが、立体駐車場に入れなくなる場合があります。そうなると都市部では日常生活に支障が生じ、キャンピングカーに比べて小回りがきく、ミニバンの良さを欠くことになりかねません。また将来的にソーラーパネルを載せたい人は、あらかじめそのスペースを空けておく方が賢明でしょう。

バックドアキャリアを使う際の留意点は、まず鍵がかからないことです。そのため貴重品の搭載はおすすめできません。また重量がある物を載せると、バックドアを開ける際に苦労します。リアゲートキッチンのように長時間ドアを開ける際は、一度荷物を降ろさなければ、ドアに余計な負荷がかかります。

なお、フェリーに乗る際にバックドアキャリアに荷物を載せていると、車検証に書かれた車の長さをオーバーするため、超過料金を請求される場合がありますのでご注意ください。

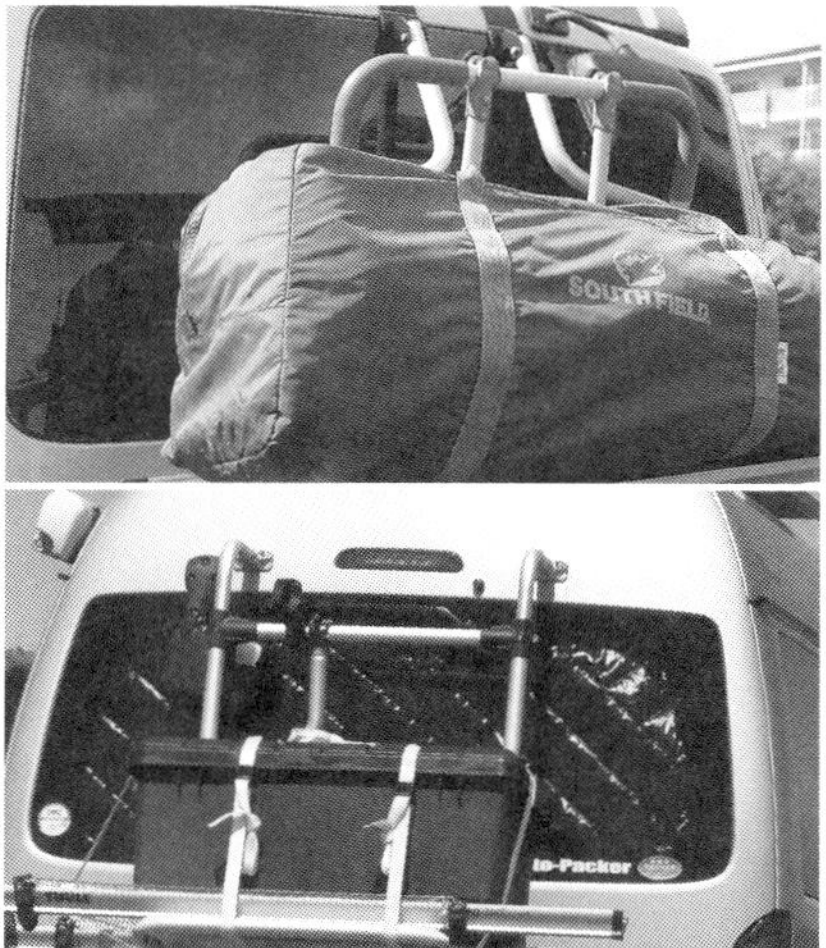

上）濡れたシェルターが乾くまでの臨時置き場。
下）コンテナの中身は釣り道具類。

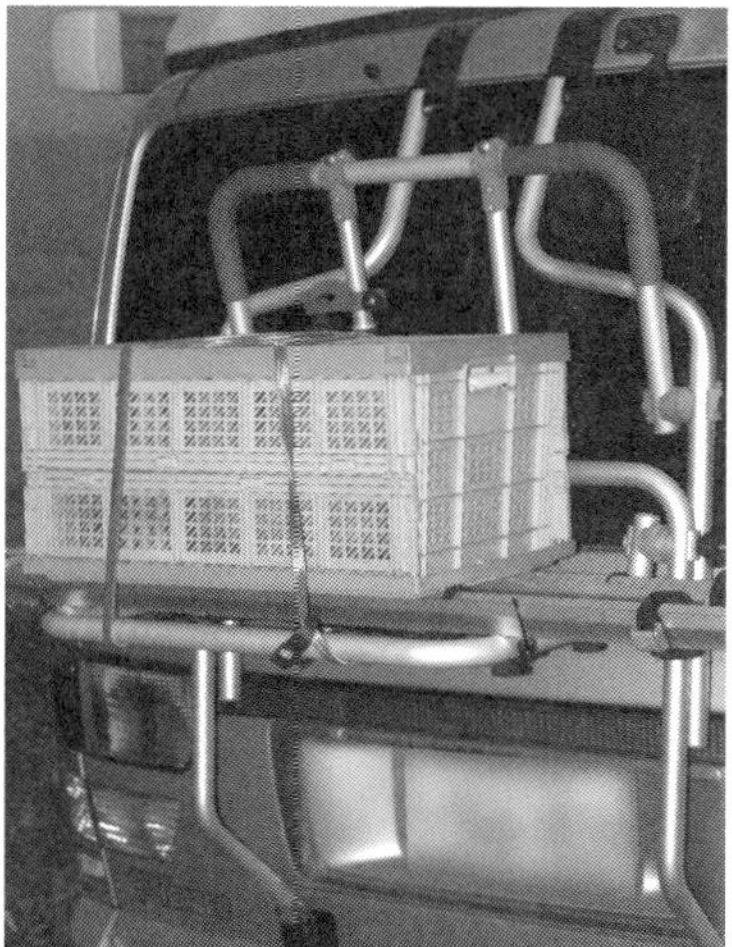

臭いが気になるゴミでも、キャリアに縛り付けて持ち帰れば大丈夫。

そのほかのおすすめ装備⑤

バックアイカメラで死角を減らして安全運転

最近ではカーナビのオプション機能にもなっているバックアイカメラ。車内に積む荷物が多く、ルームミラーでは後方が見にくい車中泊仕様車にとって、バックアイカメラはこのうえなく便利です。今のカメラは超広角レンズで広い範囲をとらえることができるので、タイヤ止めがない場所に駐車する機会の多いアウトドアフィールドでは特に活躍します。ほとんどはギアをバックに入れるとカーナビのモニターが切り替わり、バックアイカメラの映像が映し出されるシステムになっています。

また、『リアヴューモニター』(日本ヴューテック)という、走行中に車両後方の様子をモニターに映し出し、それをルームミラーで間接的に見ることができるようにする製品もあります。大型トラックやトレーラーなどで実用化され、現在ではインターネットの通信販売でも入手可能です。これを使えば、キャンピングカーでもルームミラーを使った後方確認ができるようになります。バックアイカメラと併用すれば、運転が断然しやすくなるでしょう。

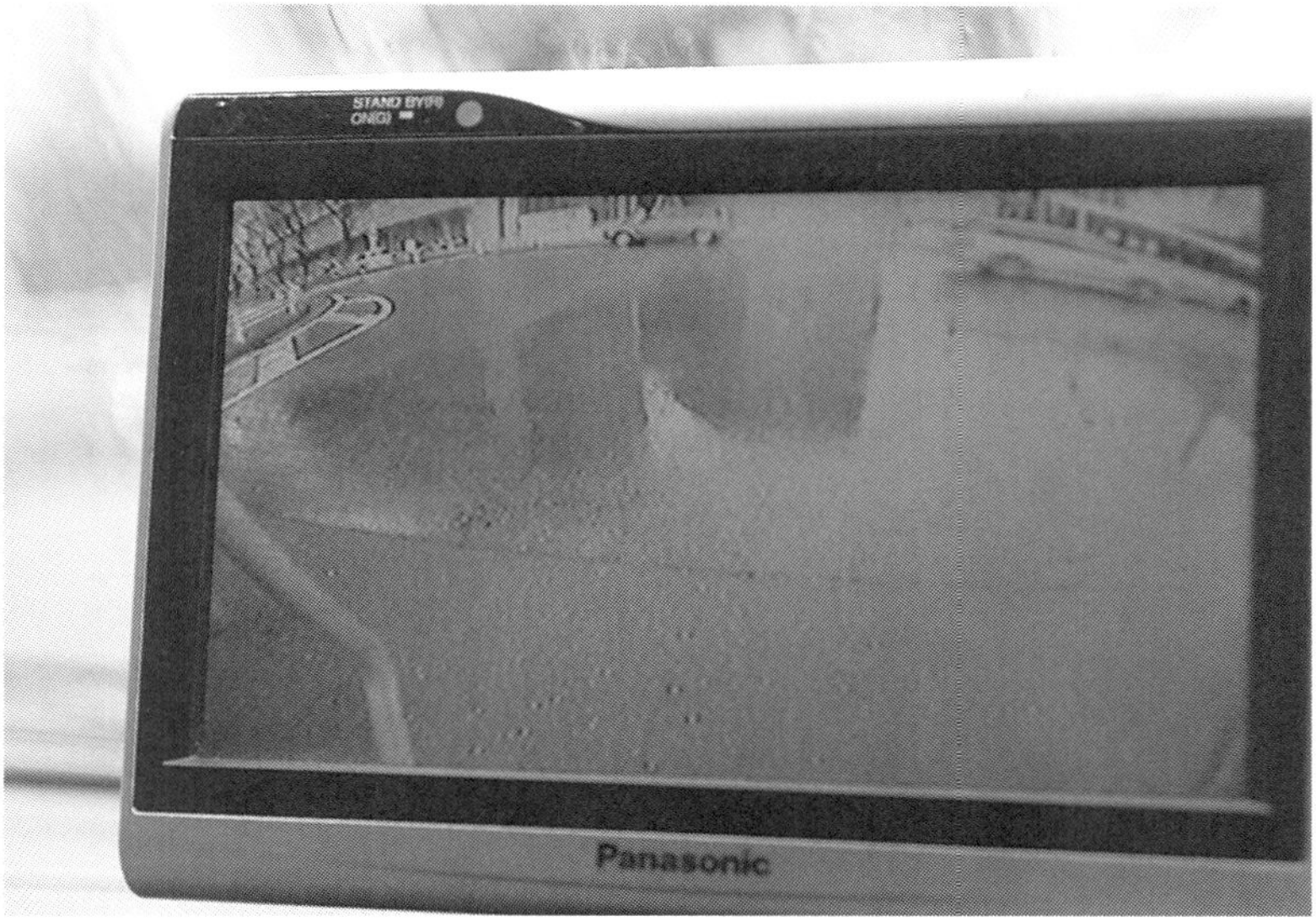

超広角バックアイカメラの映像。バックギアに入れるとカーナビの画面に映し出されます。

バックアイカメラ。リアキャリアを付ける場合は、キャリアが写り込まないように取り付けましょう。

『リアヴューモニター』。ルームミラーにモニターが埋め込まれたタイプもあります。

なぜハイエースで車中泊をしている人が多いのか

ミニバンのモデルカーとして、本書に登場するボンゴフレンディは、私は今でもファミリーが車中泊で旅やアウトドアを楽しむためのベストチョイスだと思っています。ただ生産終了からすでに長い時間が経過し、もはや中古車でも入手が困難な状況になっています。私は2台のボンゴフレンディで足掛け12年かけて、30万キロ以上走りましたが、さすがに老朽化には逆らえず、2012年にハイエースベースのキャンピングカーに乗り換えました。

私に限らず、今は道の駅やアウトドアフィールドに行けば、ハイエースで車中泊をしている人を数多く見かけます。その最大の理由は、サーファーやキャンパーだけでなく、様々な用途の遊び車として、幅広い世代に受け入れられているからにほかなりません。ハイエースは幅・高さ・長さのバリエーションが豊富で、カスタマイズしやすい車なのです。

私が乗っているハイエースの幅と長さは、以前の愛車ボンゴフレンディと同じです。

ここではハイエースの中で、車中泊ユーザーの人気を2分している車種をご紹介しましょう。ひとつはスーパーＧＬと呼ばれるバンです。この車種はサーフィンやスノーボード、あるいはカヌーなどを楽しむために車中泊をする人たちがよく使っており、それぞれのスポーツやレジャーで使用するギアを車内に積めるように改造した車は、トランスポーター（トランポ）とも呼ばれています。全国にはトランポ専門の改造業者が何件かあり、そのような店では、スーパーＧＬ用に作られたベッドキットやウインドーシェードなどを購入することが可能です。また貨物車なので乗用車に比べると改造しやすいこともあり、ＤＩＹでカスタマイズする人もたくさんいます。

もうひとつはワゴンＧＬと呼ばれる乗用車です。こちらはワイドボディーになっており、今はこの車種をベースにした3ナンバーのままの車中泊仕様車を、キャンピングカーショーでもよく見かけます。ワゴンＧＬの魅力は、背が高くない人なら横向きに寝られることです。そうなると就寝人員が増やせるので、ファミリーでも使えます。また8ナンバーとは違って、キャンピングカーとしての法律要件に縛られないため、欲しい装備だけをユーザーがチョイスできる利点もあります。ただし乗用車であるためセルフ改造は難しく、キャンピングカービルダーが企画したモデルの中から、自分に合うタイプをセレクトするのが妥当です。

ワゴンＧＬをベースに作られた車中泊仕様車です。

キャンピングカーの車中泊

私のキャンピングカーの車内をご紹介します。前述の通り、この車は高さ以外はボンゴフレンディと同じですが、ワンボックスカーなので運転席と助手席がミニバンよりも前にあるため、格段に広く感じます。またハイルーフにサンルーフを備えているため、キッチンの前ではひざを曲げることなく直立できます。そのため自宅と同じように、立って着替えることも可能です。

この車の特徴は、大きなテーブルとL字型のレイアウトです。旅先でパソコンを使って原稿を書いたり、地図や資料を広げるのに最適な大きさであることと、1人ならテーブルをそのままにしても寝られることから、この車を選びました。また食事だけならここに最大5人までが入れます。

ベッドメイキングは、テーブルをレバーで下に押し下げ、背もたれをその上に置くだけですので、慣れれば1分足らずで完了します。

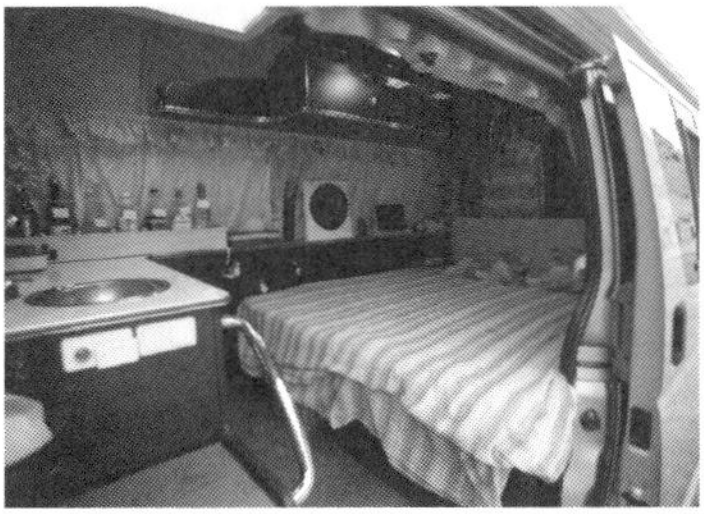

上）ダイネットの状態。2人仕様なので、自宅並みに寛げる空間が作れます。
下）ベッドの状態。幅は約120センチでセミダブルベッドのサイズです。土台にしているテーブルの下は空いているので、シェルターなどはそこに収納しています。

第五章

車中泊におすすめのキャンピングギア

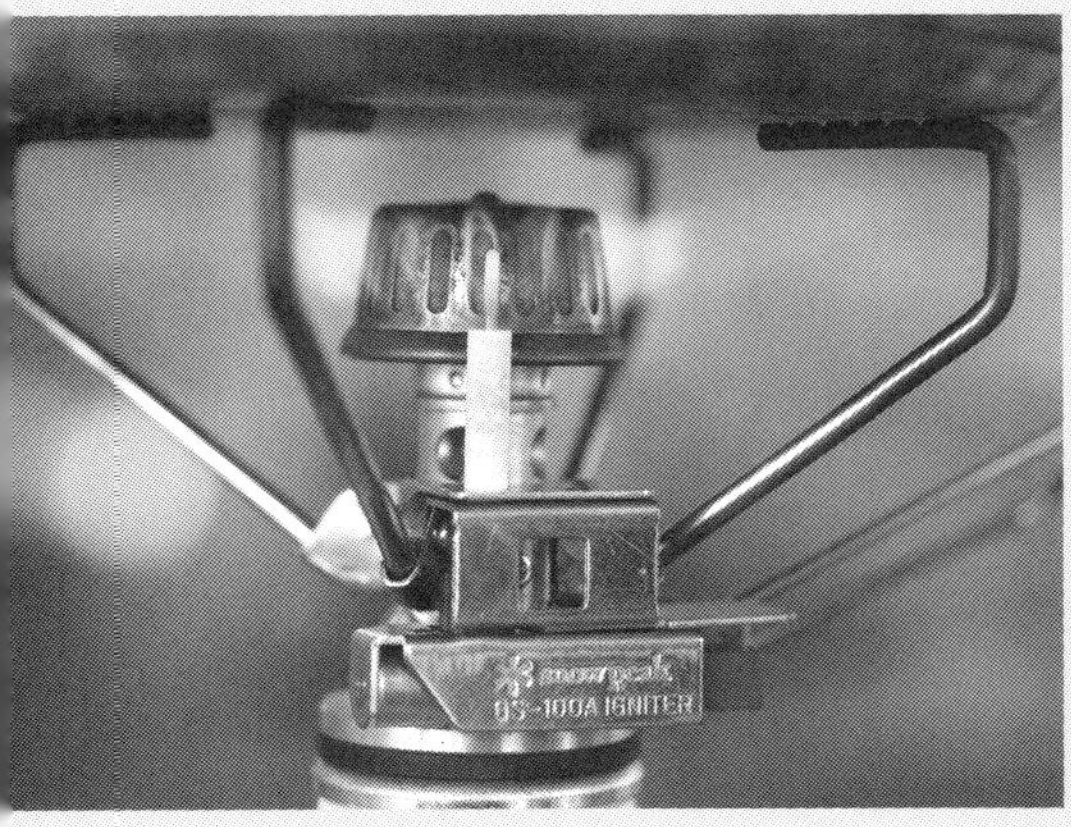

道具の選び方

道具選びのポイントは、コンパクト&多機能

収納性を高める秘訣は、積むものの選び方にもあります。キャンピングギアは携帯性と野外での利便性に優れていますが、それでもＴＰＯに合わせたものを選ばなければいけません。たとえば、滞在がベースのオートキャンプでは、火力が強いどっしり安定したツーバーナーが好まれ、バックパッキングでは、手のひらに収まるコンパクトなガスストーブがよく使われます。

車中泊で使うキャンピングギアは、このバックパッキングと同じ視点で選ぶべきです。なぜなら、車かリュックかという収める器が違うだけで、コンパクト&多機能な

幅40㌢ほどのスペースで調理ができるキャンピングギア。

製品選びという観点では共通しているからです。オートキャンパー向けには、キャンプサイトで快適に過ごすためのリクライニングチェアやシステムキッチンのような大きいサイズの便利な製品が数多く開発されていますが、車中泊やバックパッキングの世界では、大は小を兼ねるのではなく、むしろその逆。コンパクトガスストーブは、すべてのキャンプスタイルとフィールドで使うことができますが、ツーバーナーを担いで山に行く人はいないのです。

コンパクトで多機能なキャンピングギアを探すには、ホームセンターやスーパーなどの量販店ではなく、アウトドアの専門店に出かけましょう。特に登山用品には勉強になるものがたくさんあります。ただ車中泊で訪ねるフィールドは、北アルプスのような険しい場所ではありませんから、普通はチタンなどの超軽量素材を用いたクッカーまでは必要がないと思います。

それより車中泊で便利なのは、「一人二役」ができる製品です。たとえば私が愛用しているスノーピークのたき火台は、脚と炉が一体になった独特の構造で、薄くコンパクトにたためます。しかも中に炭床を入れて上げ底にし、上に大きめの網をかぶせれば、バーベキューコンロとしても使えます。価格は他社の製品よりも高価ではありますが、サイズもS・M・Lと3種類ラインナップされており、クオリティーとフィールドでの使いやすさを考えれば、整合性のあるコストパフォーマンスに思えます。

食べ終わった後、網と炭床を外して薪を乗せれば、そのままたき火台に早変わりします。

椅子&テーブル

大小2つのテーブルをロケーションで使い分ける

キャンプ場を利用せずに車中泊の旅をしようと思っている人は、椅子やテーブルの必要性をあまり感じていないかもしれませんが、旅の途中で下の写真のようなロケーションに遭遇すれば、椅子とテーブルを積んで来なかったことを、きっと後悔すると思います。テーブルの上にあるのはコンビニで買ったサンドイッチとコーヒーですが、気に入ったところを即カフェテラスにできるのも車中泊の魅力です。そこには運転席と助手席では決して味わうことのできない、オープンエアの開放感があるのです。

中には道の駅やサービスエリアでは椅子とテーブルを広げてはいけないからという理由から、それらの持参を自粛する人もいるようですが、それは「駐車場」での話です。ベンチの置かれたスペースが満席であれば、そこに自前の椅子とテーブルを持ってきて、この程度の軽食をしたり、お弁当を広げても誰もマナー違反とは思いません。ビニールシートを地面の上に敷いて休むよりも、よほどスマートだと私は感じます。

田舎の湖畔や河川敷には、探せばまだまだこういう場所が残されています。

私はキャンプ場で本格的に使う大きなテーブルとは別に、先ほどのテーブルを休憩やたき火などに使うサブとして持参しています。小さくても持ち運びやすく、組み立てやすいものが旅では重宝するからです。椅子は共用で、大小2つのテーブルを場所や状況に応じて使い分ければ、車中泊の旅は格段に楽しくなります。

ただしそれには、ホームセンターでよく目にする椅子とテーブルが一体になった製品は不向きです。私のサブテーブルは、同じホームセンターでも「園芸品」売り場に置かれている商品ですが、テーブルクロスを掛けてやれば、雰囲気はガラリと変わります。見た目は演出次第ですので、製品選びは機能を優先すべきです。

なお椅子については、座り心地よりも、自分の車の収納場所に合致する製品を選ぶことが、車中泊ではベターだと思います。

右）重さや持ち運びの良さも、製品選びの重要な判断基準です。
左上）私が使っているメインのテーブルとチェアです。
左下）メインのテーブルとサブテーブルを同時に使っている場面です。

冷蔵庫&クーラーボックス

食材の現地調達も安心。うまいものの強い味方

自炊が苦にならず、3日以上の旅に出ることが多い人には、冷蔵庫の使用をおすすめします。下の写真は、ドメティックの『モービルクール』という製品。この冷蔵庫は交流100Vか直流12V、またはカセットガスカートリッジという3つの中から動力源を選んで使うことができます。走行時と停車時で、それらをうまく切り替えながら使えば、バッテリーやカセットガスの浪費を防ぐことができます。冷蔵庫内を最も良く冷やせるのはカセットガスを使っているときなので、扉を開け閉めする停車中には動力源をそれに切り替えておくと効率的です。

ドメティックのポータブル3WAY冷蔵庫『モービルクール』。容量は33リットルです。

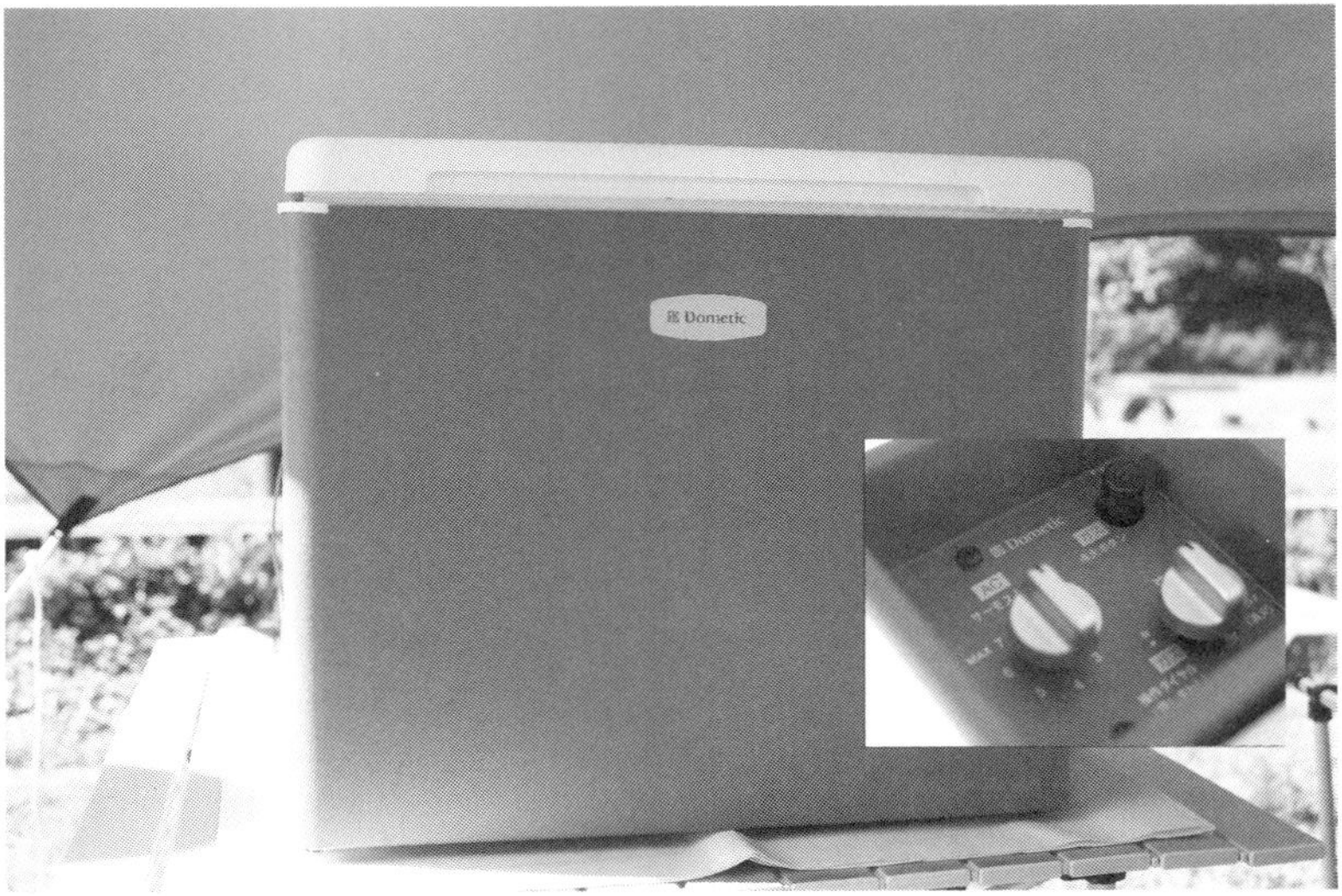

ただしこの製品には欠点があります。この冷蔵庫は本体後ろにあるパイプの中のアンモニア水溶液を熱で気化して循環させ、そこで生じる気化熱を利用して庫内を冷やしているのですが、本体を水平にしていないと気化したアンモニアがうまく循環せず、冷却力が安定しません。つまり走行中は坂を上ったり下ったりするので、多少なりとも冷却力が落ちてしまうのです。また、電源を入れてから庫内が冷えるまで時間がかかるので、冷やし続けたいものがあるときは出発の数時間前にスイッチを入れておく必要があります。夏には、家の冷蔵庫でペットボトルを凍らせてから入れたり、入れたものの上に濡れタオルを被せてからふたを閉めるようにすれば、庫内の冷えが良くなります。

クーラーボックスはできればハードタイプとソフトタイプの2種類を用意することをおすすめします。夏場には冷却用の氷や多くの飲みものを入れることになるので、サイズの大きいものが必要になります。2人で使うとしても40リットルほどのサイズを選んでおけば無難でしょう。見た目を気にしなければ、発泡スチロールの箱でも構いませんが、冷却用の氷が溶けて水がたまると、ハードタイプのクーラーに付いているような排水口がないので面倒です。

ソフトタイプのクーラーは、冬に役立ちます。冬場の1泊なら、私は20リットル程度のソフトタイプのクーラーに保冷剤を入れて持って行きます。長所は潰してコンパクトにできて軽いこと。ただし、ホームセンターなどで低価格で手に入る製品は、外側が結露して室内を濡らすことがあるので注意してください。

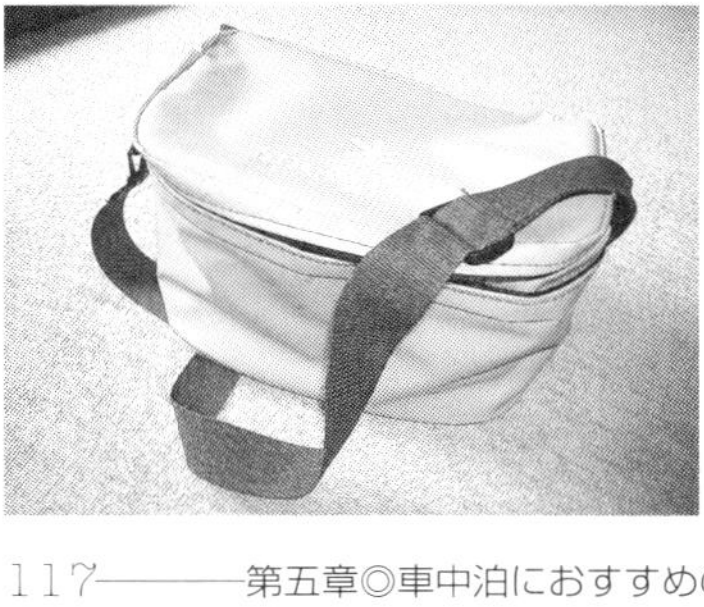

冷蔵庫と併用して使うことも多いソフトタイプのクーラー。食材が冷蔵庫に入り切らないときや、車を離れて海産物の買い出しに行くときに重宝します。

ストーブ&コンロ

調理用火器を選ぶときは、風と寒さへの対策を考えて

キャンプの世界ではストーブはバーナーとも呼ばれており、基本的には調理に使用する火器のことを指しています。混同しそうになるのがヒーターと呼ばれるものですが、これは暖房器具のことを表しています。またコンロ（漢字では「焜炉」と書く）と呼ばれるものもありますが、それは火種（炉）を持ったカセットコンロや七輪のような携帯用の火器に使われてきた呼称のようです。今はカセットガスコンロのように、ストーブとほとんど同義になっている製品もあるので、コンロと呼ばれるものは調理用火器と解釈しても間違いではないでしょう。

車中泊で使える手頃な調理用火器といえば、やはりカセットガスコンロです。女性でも簡単に扱うことができ、燃料のガスカートリッジを入手しやすいというのが一番の理由です。ただし、屋外でカセットガスコンロを使うには、風と寒さへの対策が必要です。火が風であおられてしまうと、お湯もなかなか沸きません。風防を備えた屋外用のカセットガスコンロを使うようにしましょう。

風防を備えた屋外用のカセットガスコンロ。屋外では火力が3000キロカロリー以上の製品を使うといいでしょう。

寒さへの対策としては、燃料のガスをイソブタンが使われた寒冷地仕様のものにすること。イソブタンは燃焼性、着火性に優れたガスなので、寒さで火力が弱まったり、着火しにくくなったりするのを防ぐことができます。

さまざまなロケーションでの使用を想定するなら、ガスストーブにも慣れ親しんでおくと良いでしょう。カセットガスコンロに比べ、ストーブはもともと野外での使用を想定して作られているため、コンパクトで風や寒さへの対策も施されています。燃料にカセットガスカートリッジを使える製品もあります。また、円い専用のガスカートリッジとカセットガスカートリッジの両方を使えるものもあります。

まずは、日帰りのハイキングなどでリュックに入れて持ち歩き、積極的に使ってみてください。使ううちに、その良さが分かってくると思います。

右）縦長の鍋にガスカートリッジとストーブを収納できます。
左上）風防をセットしたガスストーブ。
左下）カセットガスカートリッジを使うタイプのストーブ。

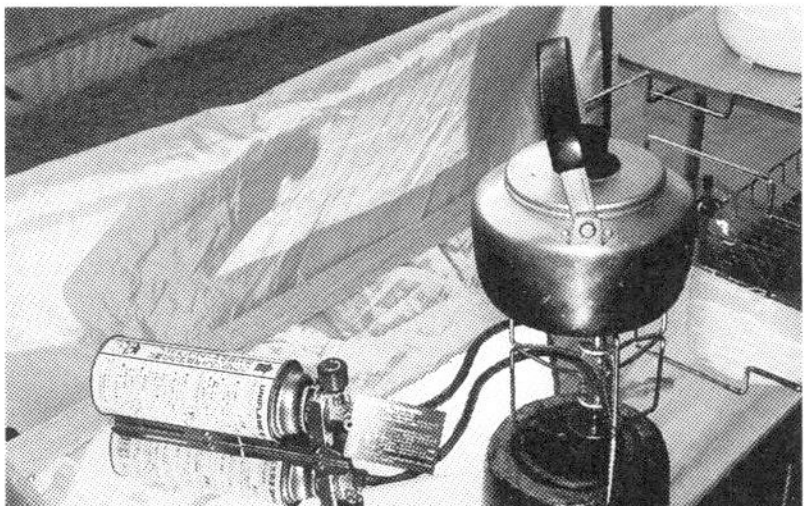

調理器具

コンパクトに収納できて汎用性があるものを選ぼう

車中泊で自炊をするケースが多いのは、朝食だと思います。トーストを焼き、チューブのバターを塗って、コーヒーをすするだけでもずいぶん気分は良くなります。そのようなときに便利なのが、カセットガスコンロやストーブの上にセットするだけで簡単にパンやお餅を焼けるようにする製品です。たとえば、ユニフレームの『マルチロースター』がそれに当たりますが、このような製品を使えば、狭いスペースでも簡単に調理でき、温かい食事を取れるようになります。

食器で便利なのは、シェラカップと呼ばれる取っ手が付いた金属の器です。コーヒーカップやスープカップとしてはもちろん、金属なのでそのまま火にかけてお湯を沸かすこともできます。お酒を入れれば、熱燗を簡単に楽しめます。また、カップの内側に容量を表す目盛りが刻まれているものもあるので、計

スノーピークのステンレス・シェラカップ。持ち手が折り曲げてあるので、重ねてもかさばりません。

量カップとしても使えます。使った後は、あまり汚れていなければ、キッチンペーパーなどでよくふき取り、軽く水ですすいでやれば十分です。洗いやすく、用途も広いので重宝することでしょう。材質にはステンレスとチタンがありますが、金属独特の臭いが気になる人はチタン製をおすすめします。ただし、完全に無臭というわけではありません。

調理器具では、ふたができるフライパンがあれば、汎用性もあるので十分でしょう。手鍋やざる、フライパンなど、いくつもの器具が必要な人には、それらを一式重ねて収納できるキャンプ用の調理器具セットをおすすめします。私はユニフレームの『fan5シリーズ』の2~3人用サイズを常に車に積んでいます。調理用具で私が使っているのは、料理ばさみとペティーナイフをひとつのケースに入れておけるスノーピークの『キッチンシザースセット』。山や川のような置き場所がないところでは、腰に下げておくこともできます。調理用具は自分が好きなものを個別に購入し、それらをまとめておけるケースを手作りするのもいいでしょう。

また、意外に役立つのが、セラミックの包丁研ぎ。家で使う包丁に比べると使用頻度の少ないキャンプ用品は、すぐに切れ味が落ちてしまい、アジなどの小さい魚をさばくときなど苦労をします。でも、包丁研ぎを積んでおけば、その心配もいりません。切れ味が良いほど無駄な力がいらないので、怪我をする確率も低くなります。

セラミックの包丁研ぎと、シザースセット。

ミニバン車中泊では3シーズン用がおすすめ

メーカーによってはスリーピングバッグとも呼ばれているシュラフには、夏用、春夏秋の3シーズン用、通年使える4シーズン用の3種類があります。そして形状は頭まで覆えるマミー型と、布団に近い封筒型の2種類に分かれます。そマミー型は、足の先の方にいくほどすぼんだ形状になっているので閉塞感がありますす。その欠点を伸縮性のある素材を使って解消したものも発売されていますが、まずは「3シーズン用の封筒型」を購入するといいでしょう。キャンピングカーでは羽毛布団を使って寝ている人も多いのですが、ミニバンでは小さく丸めて袋に入れておけるシュラフの方が使い勝手がいいのです。コンパクトにするためにギュッと強く丸めても、それに耐えられる作りになっているので安心です。

では、どのタイプのシュラフを選べばよいのかというと、真冬のスキー場で電気毛布などの暖房器具を使わずに車中泊をする場合は、4シーズン用のダウンシュラフをおすすめします。ただ暖房器具が使える場合は、3シーズン用の

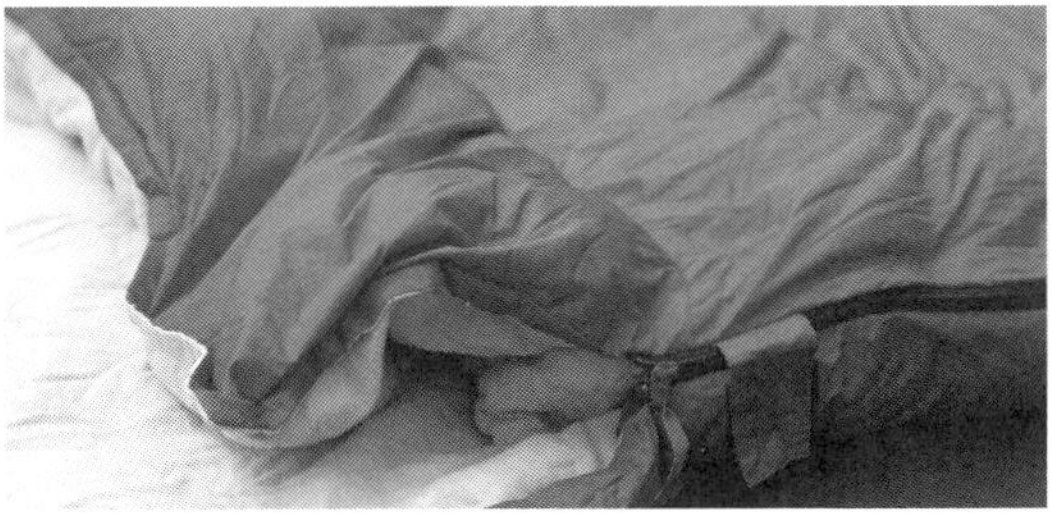

私が愛用しているのは、封筒型の4シーズン用ダウンシュラフです。

シュラフでも耐えられると思います。なお夏用のシュラフはタオルケットでも代用できるので、普通は用意しなくても大丈夫でしょう。

また、形状は大人だけなら、防寒性に優れたマミー型でもかまいませんが、ファミリーには、ファスナーを全開すれば倍の大きさの掛け布団として使え、同じアイテムなら連結することもできる封筒型がおすすめです。使い心地は布団に近いですが、収納性は圧倒的に優れています。

3シーズン用のシュラフを選ぶときの留意点は、快適睡眠温度の表示をチェックすることです。ダンロップやモンベル、スノーピークなどのメーカーのカタログには、必ずその表示があります。できれば5度くらいまで耐えられるクオリティーのものを選んでおくと安心です。そうすれば、毛布のような余計な荷物もいらなくなります。価格的には1万円前後を目安にしておくといいでしょう。ちなみに、4シーズン用のダウンシュラフは3万円以上するものが多いと思います。夏用のシュラフは、昼と夜の気温差が10度以上もあるような地域を旅するときに持っていくと役立ちます。私は北海道を8月に旅したときに、夏用のシュラフを被って寝る日が数日ありました。

最後に、布団にお金をかけることをすすめる人がいますが、それはキャンプや車中泊の際にも当てはまります。体を休ませるために使う就寝用のマットとシュラフは、信頼できるメーカーの製品を選びましょう。多少高くても、一夜の宿代と思えばいいのですから。

バックパックの際に使うモンベルの3シーズン用マミー型シュラフ。これを車中泊で使えば、ほとんど荷物にはなりません。

100円均一ショップの使えるアイテム

値段はもちろん、その豊富な品揃えに驚かされる100円均一ショップ。みなさんの家の近くにもあるのではないでしょうか。

100円均一ショップで売られているものの中には、車中泊で使えるアイテムもたくさんあります。うまく活用すれば、無駄な出費を抑えられて、車中泊を快適にできます。時間のあるときにでも、一度、物色してみるといいでしょう。ここでは、使える代表的なアイテムを2つご紹介します。

●パスタケース

中のものが見える透明の筒状のケースです。結構、頑丈にできているので、紙コップなどの衝撃に弱いものを入れておくといいでしょう。また、入れたものを汚れから守れます。

●キッチンタイマー

カップ麺のゆで過ぎを防ぐだけでなく、観光や買い物のときに有料駐車場の利用時間の超過を未然に防げる利便性の高いアイテムです。首からぶら下げられるものなら、ブザーを聞き逃す心配もありません。

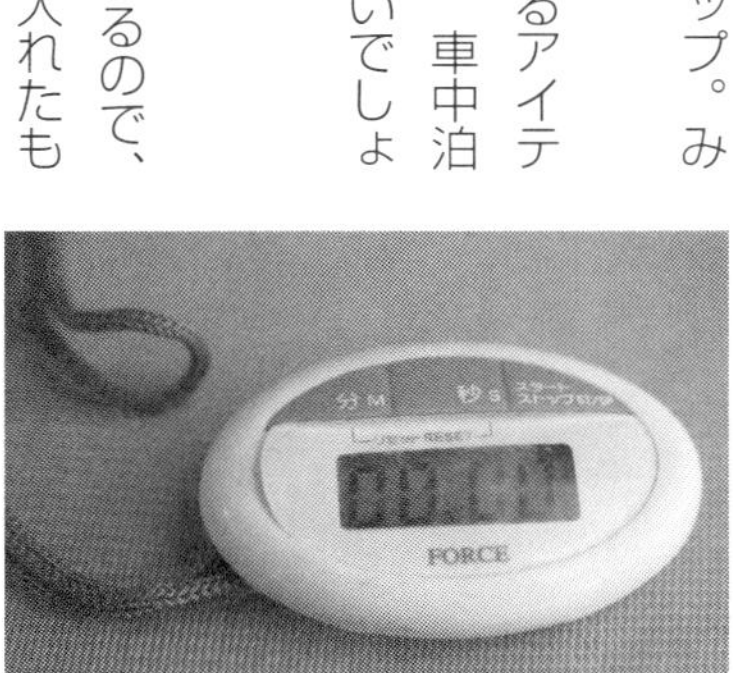

100円ショップで手に入るキッチンタイマー。電池は別売りです。

第六章

車中泊のフィールドテクニック

トラブル対策

トラブル回避の基本は早めの行動スタート

車中泊をすれば、誰もが一度はぶつかるのではないかという課題がいくつかあります。考えられるケースを事前に予測し、それの対処法を考えておけば、いざというときに役立つと思います。

ただ、想定していなかったケースやトラブルに遭遇することもあると思います。そのようなときに総じていえるのは、早め早めの行動が、事態の深刻化を防ぐ一番有効な方法だということ。異変に気づくのが早ければ早いほど、いくつもの対処法が考えられるものなのです。車から離れて目一杯遊んだ後、駐車場に戻ると、出入り口のところにチェーンがかけられていて、車を出すことができなくなっていた……。ときにはそんなこともありえます。そうなってしまったら、誰であろうとそこで翌朝まで過ごす以外方法はありません。

車中泊のフィールドテクニックとは、言い換えれば「フィールドでのトラブルに対する処方箋」ですが、それは医学で言えば「対処療法」に過ぎません。一番良いのは「未病」、すなわちトラブルを事前に予防することです。

道の駅でも環境は千差万別。交通量の多い国道沿いは、車中泊に適した環境とはほど遠い場合もあります。

DIESEL
軽油

寝場所選びの秘訣①

事前の情報収集と現地のチェックが安全を確保する

この本では車中泊という言葉を、文字通り「車の中で寝るスタイル」という意味で使っています。車を停める場所はキャンプ場のときもあれば、道の駅やサービスエリアなどの場合もあります。車中泊と同じような言葉としてPキャン（パーキングキャンプ）というものもあります。

さて、パーキングを対象にした寝場所選びには、3つのポイントがあります。1つ目は出かける前にインターネットや道の駅ガイドなどで情報収集をして、車中泊に適したパーキングを選んでおくこと。2つ目は、実際にパーキングに着いてから、そこが本当に宿泊に適した場所なのかどうかを見極めること。そして3つ目が、そのパーキングが宿泊に適していないと判断した場合に、いかに短時間で代わりの宿泊地を見つけられるかということです。見知らぬ土地に車中泊の旅に出ると、思うようにいかないことも多いので、情報収集の段階から宿泊候補地を数カ所リストアップしておくように心がけてください。

車中泊の情報収集では、インターネットを活用するといいでしょう。車中泊

広い駐車場にポツンと1台で車中泊するのは、防犯上あまりおすすめではありません。

経験者がブログなどで書いている感想も参考になります。しかし、情報が古かったり、自分が車中泊を行なうときとは違う季節の感想だったりすることもあるので注意しましょう。また、施設の公式サイトなども参考になるでしょう。判断のポイントですが、まずは駐車可能台数に注目します。100台以下の道の駅は、かなり小規模だと考えてください。写真やイラストが掲載されていれば、駐車場のレイアウトもチェックしましょう。広い平面の駐車スペースが1カ所だけあるよりも、トラック専用駐車場や第2駐車場など、駐車スペースが2カ所以上に分かれている方が、車中泊には適しています。

次に、現地でのチェックポイントですが、路面にタイヤ痕や落書きのあるパーキングは要注意です。また、それらがなくても、野外に置かれた灰皿やその周囲が異常に汚れているようなところは、できれば避けましょう。同様に、交通量が多い国道に面したところや、周囲に民家やお店が全くないようなところもおすすめできません。適度に人の気配があった方が安全です。

現地に到着してチェックをした結果、別の宿泊地を探すことにしたとしましょう。近隣の道の駅を探して、そこに到着してみると、最初の場所と同じような理由で、車中泊には適していないということもあります。そのようなときは、先に最寄りの高速道路のサービスエリアかパーキングエリアを探し、遠ければ駅や港の有料駐車場を探してみましょう。有料駐車場の決め手は、近くにトイレがあることです。

困ったときは、公衆トイレか24時間営業しているコンビニやスーパーが近くにあるコインパーキングでも車中泊は可能です。

駐車場の種類別で考える快適な使い方

有料道路のパーキング

移動の途中にある、高速道路のサービスエリアやパーキングエリアを利用するのは、車中泊では常とう手段といえます。整った設備は利便性が高く、駐車場の面積も広いので、車を停める場所も自由に選べるという利点があります。また、旅の途中で台風や大雪などに見舞われたときも、トイレのほかに食糧とガソリンがあるサービスエリアは心強い避難所です。天気予報で危険を察知したときは、一番近いサービスエリアに入り、そこから動かず天候の回復を待つことをおすすめします。それができるのも車中泊の強みでしょう。

一連の災害以降、私は旅先で高速道路を走るときはできるだけサービスエリアに立ち寄り、特に初めてのサービスエリアでは、そこが車中泊に適しているかを細かくチェックするようにしています。

また地方の有料道路には、時折、まるでキャンプサイトのように区画されたプライバシーを保てるパーキングがあります。夜間に出入りする人が限られる

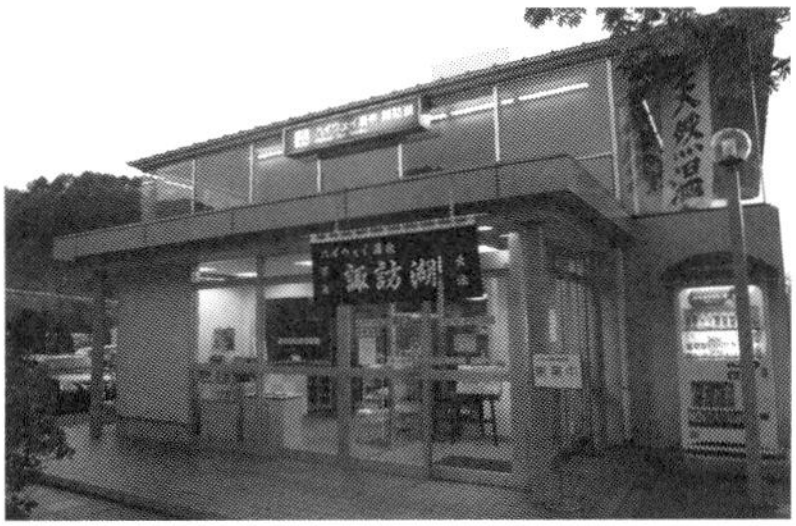

最近はコンビニエンスストアを備えたサービスエリアが増えてきました。また、中央自動車道の諏訪湖SAや東名高速道の足柄SAには、入浴施設があります。

有料道路のパーキングは、車中泊では穴場的な存在といえるでしょう。

有料パーキング

ここでいう有料パーキングとは、温泉地や観光地、あるいはスキー場などにあるコインパーキングを含めた有料駐車場のことですが、そういう場所では一部の人気スポットを除けば、近くにトイレがあって1日1000円程度か、夜間料金や上限料金の設定があるところが見つかると思います。

有料パーキングを使うメリットは、安全性が高いことと、観光地ではすでに車中泊が認知されていることです。たとえば、民宿などの宿泊施設が少ないスキー場にとっては、車中泊で来てくれるファミリーは、とてもありがたいお客さまです。遠方から来た人なら、2日間はゲレンデを利用してくれるかもしれません。本来は温泉街などのある別のスキー場に取られていたお客さまだと考えれば、車中泊利用者のために多少の設備投資をしても、スキー場にとっては十分にメリットがあるのです。今後、そのような発想のスキー場や公共施設が増える可能性は高いでしょう。

また札幌や博多のように、近くに道の駅や24時間出入りが可能な公園の駐車場が見当たらない都市部では、民間のコインパーキングが強い味方です。2駅ほど離れれば料金が安くなる場合もあります。夜の街に出て飲食がしたいときは、明るい時間帯に下見をしておき、周辺のトイレが使える施設と、タクシーなどで戻る際に目印となる建物を確認しておくといいでしょう。

最近は温泉地や観光地の近くに、『RVパーク』と呼ばれる車中泊専用施設ができています。環境は様々ですが、中には電源と炊事場が使えるところもあります。

道の駅

道の駅での車中泊にも、快適度をアップさせるコツがあります。それは、駐車場所を選ぶときに、トイレの近くを避けることです。深夜でも早朝でも、トイレ付近の駐車スペースは車の出入りが頻繁です。中には、トイレ前の路肩に車を停め、アイドリングをしたまま同乗者の帰りを待つような車もいます。トイレの近くに車を停めるのは便利かもしれませんが、決して快適というわけではないのです。

また、道の駅には朝市などのイベントを催しているところがあります。開催日は早朝から準備が行なわれ、特に建物付近が騒々しくなります。それから逃れようとして、建物から離れた道の駅の出入り口付近や道路に面した場所に停めるのも、ほかの車の走行音がまともに伝わってくるので、決して良い選択とはいえません。

それらを踏まえると、車中泊に適した駐車場所は意外と少なく限られています。少しでも快適さを追求するなら、早めに到着するようにして快適な場所を確保するしかありません。ただし、サービスエリアのような単純なレイアウトの駐車場ではなく、第2駐車場を持つ道の駅なら、それらの問題を解消してくれます。夜間から早朝にかけては道の駅自体の利用客が少ないので、第2駐車場にまで車が入ってくることはほとんどありません。ただし、道の駅によっては、トイレがある駅舎の前の駐車場以外を夜間閉鎖するところもあるので、看

京都にある道の駅ガレリアかめおかのように、駐車場の一部を夜間使用禁止にしている施設もあります。

板などの表示をよく確認してから停めるようにしてください。

公園の駐車場

ビーチや湖の近く、あるいは大きな森林公園には、トイレを備えた駐車場がよくあります。車中泊を始めたばかりの頃は、なかなかそのような場所を見つけられなかったものですが、中には道の駅よりも遥かに車中泊に適した駐車場もあります。

事例を挙げるなら、滋賀県の琵琶湖周辺にそういった施設が多くあります。琵琶湖は日本を代表するバスフィッシングのスポットであると同時に、冬はオオヒシクイやコハクチョウが飛来するバードウォッチングに適した場所です。そのため、湖周道路沿いには適度に無料駐車場が設けられており、中にはトイレがある駐車場もあります。車中泊がしやすい公園の駐車場は、このようにアウトドアフィールドに近いところに多くあります。草津には道の駅もありますが、公園の駐車場は湖周道路から少し離れた琵琶湖の湖畔に面しており、夜は静かで星もよく見えます。しかも私が行く公園は、隣接する芝生でバーベキューをすることも許されています。

このような公園の駐車場を利用する際の留意点は、先ほどと同じく夜間閉鎖されないかどうかと、出入りができてもトイレが利用できるかどうかです。トイレについては、利用できても夜間に照明がともらない場合がよくあります。車中泊では必ず懐中電灯の持参を忘れないようにしてください。

琵琶湖の周辺には無料駐車場に加えて、道の駅や低料金のキャンプ場がそろっています。車中泊旅行者にとっては、北海道のような環境が残された貴重なエリアといえるでしょう。

キャンプ場

最後にキャンプ場を選ぶときに注意すべきことを説明します。一言でキャンプ場とはいっても、そこにある環境は千差万別です。昔からある古いキャンプ場では、今でも車は駐車場に停めて、そこから荷物をリヤカーでサイトまで運ばなければいけないところもあります。一方、本格的なオートキャンプ場には、大型のキャンピングカー専用のサイトが用意されていたりします。

車中泊を行なう人がキャンプ場を利用するのは、宿泊予定地に適当なパーキングがなかったり、サブバッテリーの充電がしたかったり、長期の旅でコインランドリーを使いたかったりする場合だと思います。充電やコインランドリーの使用を前提にしたキャンプ場の利用なら、それらを完備した高規格オートキャンプ場を選ばなければいけません。でも、キャンプ場以外に車中泊に適した駐車場所がないというときは、川原などにあるトイレと水道しかないフリーサイト（区画分けがされていない）のキャンプ場が、料金も安くておすすめです。

ちなみに、キャンプ場の料金体系には2つのパターンがあります。ひとつは1人いくらという感じで利用人数によって料金が変動するパターン。もうひとつは、利用人数に関係なく1区画いくらというパターン。夫婦だけで行なう車中泊なら、利用人数によって料金が変動するキャンプ場を選んだ方がコストを抑えられます。家族の場合は、どちらともいいがたいので、ケースバイケースで選択するようにしてください。

仲間と一緒に泊まるなら、1人数百円で利用できるフリーサイトのキャンプ場が気軽で快適です。

車中泊の必需品と便利なもの

車中泊を行なうとき、トイレットペーパーは必需品です。ゴールデンウィークや夏休みには、道の駅でさえ、深夜にはトイレットペーパーを切らしてしまうことがあります。公園のパーキングや川原のキャンプ場ではなおさらです。そのような場所を利用するときは、トイレットペーパーが備えられていないものとして行動するようにしましょう。ご存知かと思いますが、ティッシュペーパーは水に溶けないのでトイレでの使用はご法度です。

また、車中泊であると便利なのがサンダルです。ベッドメイキングをした後は、車を乗り降りするたびに靴を履いたり脱いだりしなければいけません。このとき、サンダルが一足でもあると気軽に車の乗り降りができるのでストレスがありません。あとは、懐中電灯などの照明器具も数個は用意して、取り出しやすい場所に保管しておくようにしましょう。公園やキャンプ場は、道の駅やサービスエリアとは違って、深夜には真っ暗になってしまうことも多いからです。

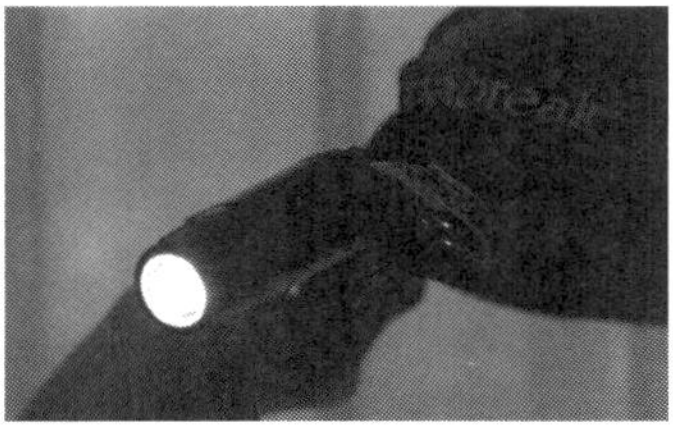

上）クリップタイプのLEDライトは、省エネで明るく、トイレや洗面所などでも手が自由になるスグレモノ。
下）トイレットペーパーはホルダーに入れておくと見た目もスマート。写真はコールマンのノベルティーグッズです。

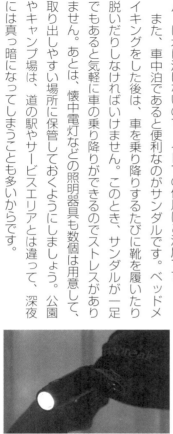

暑さ対策

扇風機や網戸に頼るより、一番の対策は高地に行くこと

第一章で書いたように、真夏の車中泊は自然の力を借りて熱さを凌ぐのが基本です。具体的には、北海道や標高１５００メートル近い場所を旅先に選ぶということになるでしょう。

車中泊のときに涼しい外気を取り込む簡単な方法は、網戸の利用です。おすすめなのは、既成品を利用してスライドドアやバックドアの全面を網戸にすることです。そして、キャンプ場を利用すれば、防犯上、全く問題ありません。しかし、その状態で道の駅のような駐車場で車中泊をするのは、おすすめできません。また、運転席や助手席の窓を網戸にする製品も販売されていますが、それらも、防犯上、キャンプ場での使用を前提に考えるべきです。また、車内で扇風機を使っても、暑い風を循環するだけなので、ほとんど効果が得られることはないでしょう。

むしろ都心部や観光地に近い場所にいるのなら、車中泊を諦めてビジネスホテルを利用する方が現実的です。朝食付きの格安ビジネスホテルには、夫婦で

標高の低いところでは、サブバッテリーで扇風機を動かしても、車内の空気が暑いので涼しさを感じることはできません。

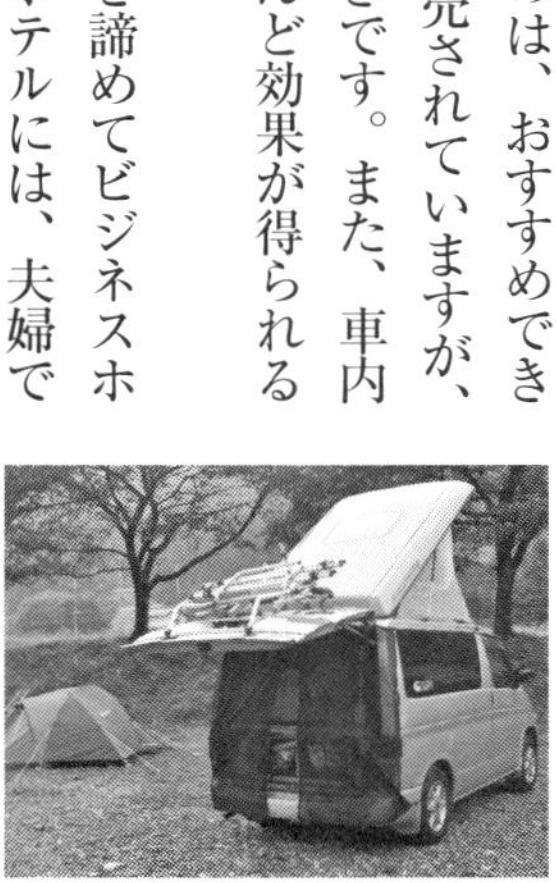

ミニバンに有効なのは、バックドア全面に被せることができる網戸です。

も8000円ほどで泊まれるところがあります。車中泊による駐車場代や入浴代、朝食代を加味すれば、実質負担は半額ほどです。それならば十分検討の余地があるでしょう。また夕食で郷土料理や地酒の美味しい店に出かければ、快適さに楽しさも加わります。キャンピングカーのユーザーを含めて、車中泊をする人の中にはこうした宿泊施設を併用しながら、長旅を続ける人がたくさんいます。

ただ、帰省や遠方へ出かける際の前泊などで、どうしても道の駅やサービスエリアで車中泊がしたい場合があります。周りを見れば、エンジンをかけて車のエアコンを利用している人がいるかもしれませんが、熱射病や脱水症状を催すような緊急事態を除けば、ほかに選択肢があるにもかかわらず、そうすることはマナー違反ですし、カーエアコンを頼りに旅を続けるようではいけません。やむを得ず真夏に標高の低い駐車場で車中泊をする際には、寝不足になる覚悟をしてください。それほど真夏の車中泊はつらいものです。

ハイエースのスライドドアにある窓に網戸（市販品）を取り付けた状態。窓とドアロックのある場所が離れているので、安全面でも優れています。

真夏の車中泊スタイル

涼しい場所を拠点にしてロングステイを楽しむ

前述したように、真夏の車中泊地には標高の高い場所が適しています。高原周辺などに滞在すれば、アスファルトの駐車場でも夜は涼しく眠ることができるので、広範囲に動くのではなく、狭い範囲でアウトドアや温泉めぐりを楽しむような遊び方をすれば、熱帯夜に苦しむことはありません。

車中泊を始めたばかりの頃は、寝るための装備さえ積んでしまえば、車なら自分が仕事を休めるときに行きたいところに行けると思い、季節や気候といった自然の状況には無頓着になりがちです。しかし、雪が積もって路面が凍結する冬はどうでしょう。事故への警戒心が高まるのが自然ではありませんか。冬に比べて夏は怪我に通じる事故などの危険性が低い代わりに、熱中症や脱水症といった病を発症する可能性が高い季節で、それは車中泊をする人に多いシルバー世代と、幼児を連れたファミリー層にとっては脅威です。

フィールドでは、人間が自然の都合に合わせて行動することが求められます。そして夏の車中泊では、それを謙虚に守ることが何よりも大事です。

標高の高い場所に、キャンプ場、無料駐車場、そして道の駅がそろう長野県のビーナスライン一帯は、車中泊でロングステイが楽しめる典型的なロケーションです。

車の中で寝るだけの車中泊に、「達人」が存在するかどうかは別として、季節や場所に応じてスマートに車中泊をこなせる「引き出し」を持った、ベテランキャンパーがいるのは確かです。

スキー場があるたいていの高原には、キャンプ場があります。ベテランたちは、そこにシェルターを立てて別荘代わりの拠点にし、むやみに動き回るよりも、木陰で本を読んだり、クラフトやスケッチなどのアートワークにいそしむか、燻製やダッチオーブンを使った煮込み料理に興じるなどして、のんびりと高原ライフを楽しんでいます。

スケールの大きな北海道では、キャンプ場が無料のところもあるので、ベースキャンプを残したまま泊まりがけで釣りに出かけ、またそこに戻ってくるような過ごし方をする人も珍しくはありません。そんな車中泊の使い方もあるのです。北海道の話は、この後の第七章で詳しく紹介しますが、そういった時間の使い方を覚えなければ、バイクの代わりに車で北の大地を駆け回るだけに終わるでしょう。

風を通して虫をさえぎるシェルターは、理想のベース基地です。

寒さ対策

ウインドーシェードで冷気の侵入を防止する

第一章で書きましたが、車中泊における寒さ対策の基本は、「暖房」ではなく「防寒」です。しかも効果が高いのは、人間よりも車本体の防寒で、具体的にはすべての窓を内側からウインドーシェードを使って「目張り」するのです。また、スライドドアがある車は、そのステップのところからも冷気が侵入してきやすいので、大きなビニール袋にアウターのダウンジャケットなどを入れて、すき間を塞いでやりましょう。極端なことをいえば、エンジンを切ってすぐに、この2つを実践すれば、驚くほど車の中は暖かさを維持できます。

次に、人間の防寒でもっとも有効なのは「重ね着」です。暖かくなる原理は、服と服の間にできる空気の層が、体温が外に逃げるのを防ぐからです。フリースやウールなどの起毛素材が良いとされるのは、厚い空気の層ができるからですが、ダウンと同じく乾燥していなければ効果は発揮されません。従ってインナーもコットンではなく、速乾性の高いポリエステルなどの化学繊維でできたウエアがおすすめです。

狭い車内でもごわつかず、重ね着できて動きやすいアウターがダウンベストです。雪の日でも、上からウインドブレーカーなどを羽織ることができ、冬の車中泊には最適です。

ここまでできたら防寒はほぼ完成です。あとは帽子やソックスとカイロがあれば、起きている間の寒さは十分に凌げると思います。

問題は深夜から明け方にかけての気温がグッと下がる時間帯です。4シーズン用のシュラフであれば、そういう心配はほとんどないと思いますが、寒さで目が覚め、寝つけなくなるのはその頃なので、知恵が必要です。

おすすめなのは、そのまま起きてしまうことです。気温は夜明け前が一番低くなるので、もう一度寝ようとしても、寒さは増すばかりで実際には無理だと思います。サービスエリアの場合は、お湯がいつでも手に入るので、唐辛子や生姜を材料に使ったスープを持参しておけば、体の中から温まります。また道の駅なら、近くのコンビニまで車を走らせ、温かいドリンクと食物を買いに行きましょう。そうすれば車の暖房が使え、一気に寒さから開放されます。そうすれなお寝不足の場合は、無理せず昼寝をすることでカバーしてください。

通信販売されている『マルチシェード』をウインドーに装着したハイエースの車内。

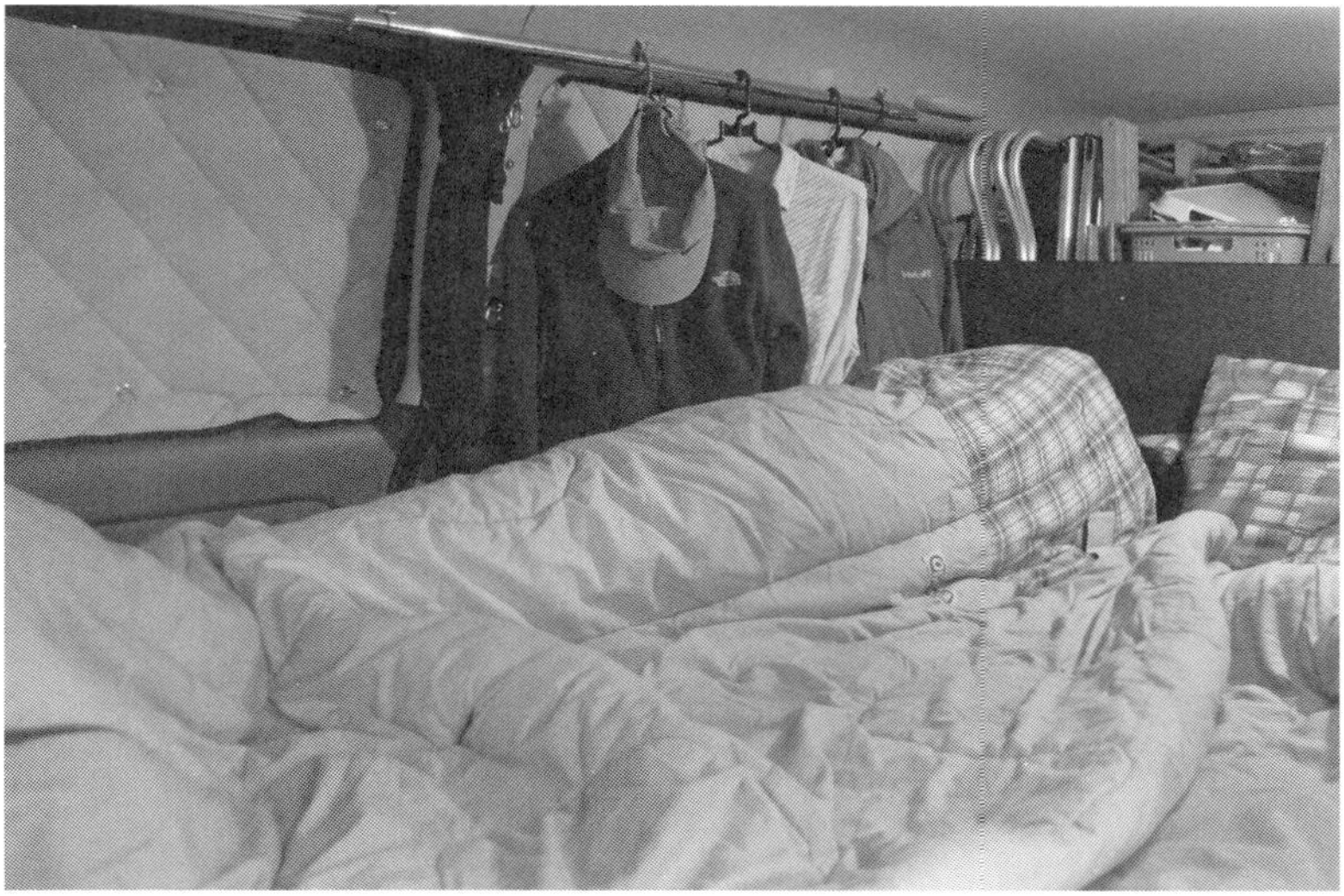

Hand made

手作りガイド⑤

ウインドシェード

車内の暖気を保って冬の車中泊を快適に

ウインドシェードに使用する資材

・フロントガラス用サンシェード
・リアガラス用サンシェード
・発泡ポリエチレンのアルミ保温シート
・吸盤
・キーリング

基本の仕様

1 フロント&リアガラス

フロントガラスとリアガラスには、自分の車に合ったサイズの既製品の夏用サンシェードを利用するといいでしょう。それが、一番簡単で安上がりです。フロント、リアともに購入したサンシェードには、吸盤をさらに取り付けて密閉度を高められるようにしましょう。

私の車の場合は、リアガラスに合ったサイズのサンシェードが既製品ではなかったので、セダン用のサンシェードを購入し、ハサミでカットしてサイズ

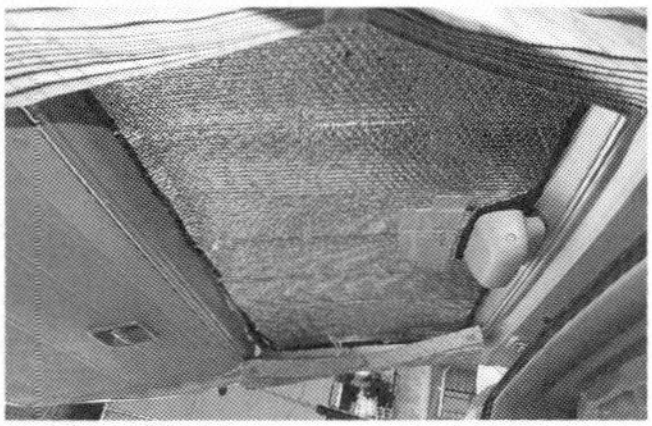

上）フロント部。サンシェードと遮光カーテンによって二重に防寒しています。
下）ストップランプの形状に合わせてハサミでカットします。

上）厚さは約4ミリ。折り目がついているので、しっかり畳めて便利。
下）裏側には、どこの窓に対応したものかが一目で分かるようにメモ書きをしておきましょう。

を合わせ、切口をテープで補強して使っています。

2 両サイドの窓

発泡ポリエチレンのアルミ保温シートを、両サイドにある各々の窓の大きさに合わせてカットします。アルミ保温シート選びでおすすめなのが、薄手の発泡ポリエチレンで作られたお風呂の保温用のための製品です。カットしたアルミ保温シートの裏には、どこの窓の大きさに合わせたものなのかが、一目見て分かるようなメモ書きをしておきましょう。

後は、ガラスに張り付けるための吸盤を、アルミ保温シートに穴を開けて取り付けます。吸盤はガラスに張り付けたときにシートが安定するような位置を選んで、数カ所付けます。ガラスからシートを取り外しやすくするため、吸盤の出っ張りにキーリングを通してやれば完成です。

吸盤はキーリングを通せる穴が開いたタイプを選びましょう。

アルミ保温シートに開けた穴部は、金属製リングで補強しましょう。

助手席に装着した状態。車中泊をした翌朝には、ガラスがかなり結露します。

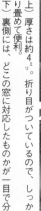

雨雪対策

雨雪時の車中泊に役立つレジャーシートの意外な使い方

一度でも車中泊をしてみると分かりますが、車内のレイアウト変更や荷物整理は、車の外からでなければ非常にやりづらいものです。晴れていれば何の問題もないのですが、雨や雪が降っていたら、体は濡れてしまうし、風向きによっては車内に降り込んできてしまいます。では、それらに対処するには、どのような方法が考えられるでしょうか。

まず思い浮かぶのは、屋根のある場所に車を移動させてから作業を行なうことでしょう。しかしショッピングセンターなどの立体駐車場で、早朝から営業している施設がそう都合よくあるとは思えません。また運よく高速道路のサービスエリアに泊まっていれば、身体障害者用駐車場の利用も考えられますが、そういう理由では使いづらいのが実情でしょう。ゆえに、スキーや釣りを趣味にする人たちの多くはサイドオーニングを搭載しているのですが、前述したように強風が伴う日にはそれも危険で使えません。

そこで登場するのがレジャーシートです。レインモールがある車ならグリッ

クランプで挟んでいる部分がレインモール。雨の雫がドアの上から垂れてくるのを防ぐためにつけられた装備です。

プの強いクランプで挟むだけで簡単に取り付けられます。またレインモールがなければ、車内側にポールを1本通しておけば取り付けられますし、そこまでするなら写真のようなシャワーカーテンを使うことも可能です。スライドドアのカーテンは目的に応じて素材を変えられるので、車中泊では重宝します。

レジャーシートをレインモールにクランプで挟むだけで、簡易の風雪除けカーテンになります。

レインモールが付いていない車なら、車内にカーテンレールを取り付けてシャワーカーテンを吊るせば、同じ機能を得られます。

疲労対策

無理せず意識的に休憩を取ることが長旅では必須

車中泊に疲労はつきものです。昼はアウトドアやレジャー、あるいは観光で精力的に動き回り、自ら運転もしてスケジュールをこなしていくわけですから、若い人でも3日もすれば疲れが出てきます。まして、車内に作るベッドが快適なものでなければ、エコノミー症候群に陥る可能性もないわけではありません。

旅先で疲労をためないようにする秘訣は、疲れを感じたときに小まめに休息を取ることです。運転時に眠気を感じたら、少しでも早く手頃なパーキングを見つけて横になりましょう。たとえ30分でも熟睡すれば、カフェイン入りの栄養ドリンクなどで一時的にしゃきっとするよりも健全で高い効果が得られます。平らな場所に横になれる車中泊のメリットを、このような場

マッサージも受けられるスーパー銭湯は、旅の疲れを癒やすのに最適な場所のひとつです。

面でも大いに活用してください。

また、車で眠りにくい場合には、日帰り温泉などにある畳の休憩室を利用して昼寝をするのもいいでしょう。利用客が増える夕方以降の時間帯ではなく、空いている昼間に行けば、快適に眠ることができます。とにかく疲労は蓄積しないことが大切です。

長時間にわたって同じ姿勢を続けていると、血流が悪くなり、静脈に血栓ができることがあります。それが原因で肺の血管が詰まり、呼吸困難に陥るのが、エコノミー症候群の典型的なパターンです。飛行機のエコノミークラスに乗っていた人に多く見られたことからこのような名前がつけられたのですが、2004年の新潟県中越地震の際には、余震による二次災害から逃れるために車中泊をしていた人の中に、エコノミー症候群を発症した人がいるそうです。エコノミー症候群は、疲労やストレスが複合的に絡み合って発症するものなので、特に車を長距離運転するようなときには、意識して休憩を取り、ストレッチ運動などをするようにしましょう。

また、車中泊の旅では、普段の食事に比べて野菜が不足しがち。ジュースやサプリメントなどで、ビタミンやミネラルを補給するのも良い方法でしょう。ただし、疲れるのは運転者だけではありません。同乗者の健康状態にも配慮し、必要があればスケジュールを早めに切り上げるか、宿を使うなどの柔軟な行動を心がけるようにしましょう。

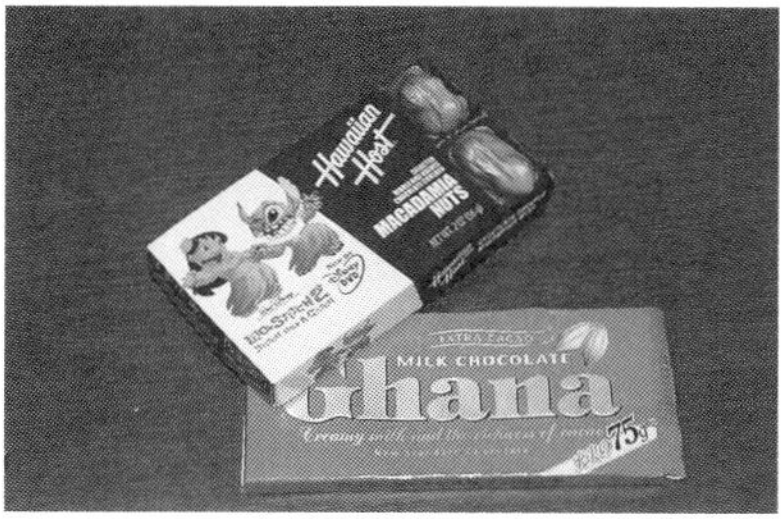

チョコレートには、抗酸化作用があるカカオポリフェノールのほかに、脳の栄養分と疲労回復に効果のある糖分が含まれています。非常食として、登山者にもよく使われています。

緊急避難

台風時には安全を第一に考え、宿泊施設に避難しよう

車中泊で一週間を超える旅をしていれば、台風だけでなく爆弾低気圧と呼ばれる暴風雨に遭遇する可能性があります。その情報をキャッチしたら、接近のタイミングを定期的にチェックし、自分たちの居場所を直撃するようならビジネスホテルなどの宿泊施設を予約しましょう。北海道のように携帯電話の電波が悪い場所では、ＷｉＦｉのフリースポットを利用してください。道の駅といえども、夜間に暴風雨にぶつかれば、車の屋根を雨が激しくたたく音で車中泊どころではなくなりますし、看板などが風で飛ばされてくる恐れもあります。

万一、台風の接近などを知らないまま、人里離れた場所で夕刻を迎えてしまったときは、まずは川原や海辺、あるいはがけ崩れなどの恐れがあるようなところを避けて、安全な場所に移動しましょう。周辺にキャンプ場があれば、バンガローやコテージに空きがないかを確認してみてください。たとえ連休中でも、そのような悪天候なら予約をしていた人がキャンセルしていても不思議ではありません。そのまま車中泊をするよりは、ずいぶん快適に過ごせるでしょう。

山間では崖崩れは決して珍しいことではありません。通行中に雨が激しくなってきたときは、引き返す勇気も必要です。

バンガローは、デッキテラスと部屋があるだけのシンプルな「山小屋」のことを表す言葉としてよく使われます。

コテージは、ベッド、バス、トイレ、キッチン、冷蔵庫、テレビまで完備された、まるで「別荘」のような施設です。

洗面とトイレ

車中泊の旅では神経質になりすぎるのはナンセンス

ミニバンで車中泊をする際に、課題になるうちのひとつが洗面とトイレです。特に歯磨きを道の駅やサービスエリアのトイレで行なうことに抵抗感のある人は多いかもしれません。でも、そのような場所でも、歯磨きを朝早くすれば人と会うことも少ないので、抵抗感も多少、軽減されるかもしれません。また、電動歯ブラシを使えば、短時間で済ますこともできます。

ただ施設が古くて衛生面が気になるようなときは、車で移動しながら別の場所を探しましょう。早朝から利用できる施設はコンビニに限られますが、10時になれば百貨店やショッピングセンター、あるいは待ち合わせができる大きなロビーのあるホテルなどが使えます。なお、そういった施設のない場所でも、綺麗な化粧室が期待できるのはパチンコ店です。どこの地方でも少し町に行けばまず見つかるでしょう。

ただ、あまり神経質な人には、車中泊の旅は向いていないのかもしれません。顔を洗うため、歯を磨くために、予定を大幅に変更して綺麗な化粧室を探すと

被災時にも使える携帯用トイレ。サイズはやや大きいですが、大便にも対応しています。

いうのは、ちょっとナンセンスです。無理をせず、スケジュールを消化しながら、できる状況になるのを待つというのが車中泊では大切でしょう。

なおトイレに関しては、どうしても道の駅のような施設が見つからない場合は、コンビニまで短時間で移動できる駐車場を選ぶことです。ただ最近は小さくて性能の良いポータブルトイレが2万円前後で手に入ることもあり、トイレが近くなるシルバー世代や幼児のいるファミリー層には、それを持参する人が増えているようです。

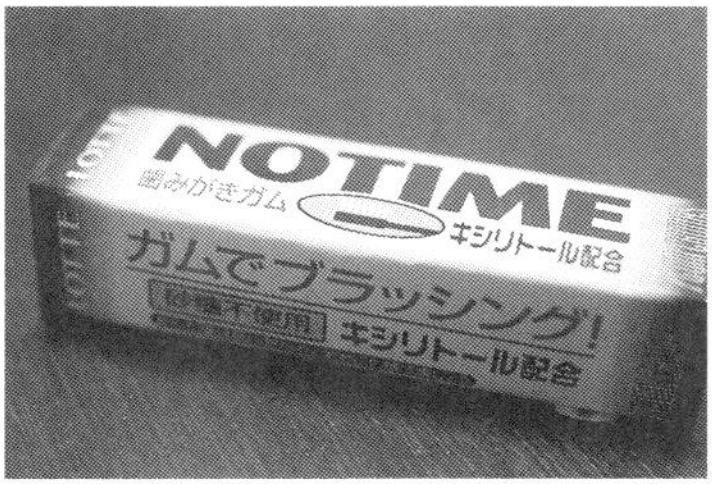

朝、歯磨きができる環境がなければ、とりあえずガムで代用することもできます。

伊勢湾岸自動車道の刈谷ハイウェイオアシスにある女性用化粧室。ラウンジがあるトイレで有名です。

コミュニケーション

他人との交流で得られる本当においしい情報

有名なパーキングで車中泊を行なうと、同じように車中泊を楽しんでいる人たちに出会うことも珍しくありません。夕食後、車外で涼んでいると声をかけられることもあるでしょう。テントキャンプでは、隣のサイトを利用している人に挨拶をするのはごく当たり前に行なわれている慣習なので不思議なことではありません。挨拶をするなら、到着した直後か、最初に顔を合わせたときがいいタイミングだと思います。車中泊を行なう人たちの間でも、そのような慣習が広まれば、互いに打ち解けやすくなるはずです。

車中泊の旅をするなら、できればそのような他人との交流を積極的に行なう方がいいと思います。地元の人が行くおいしいお店や絶景スポットの情報は、ほとんどが口コミで伝わってくるものなので、インターネットや書籍ではなかなか核心に迫る情報を得られません。他人との交流によって、車中泊の旅にとって本当に貴重な情報が手に入るかもしれないのです。

他人との交流を広げるために大事なことは、車外にいることです。ドアを固

オートキャンプ場では、隣り合わせた人との会話が弾むことがよくあります。

く閉めて外に出てこない人にまで、交流を図ろうとしてくれる親切な人はいません。車中泊が初めてであっても、そうでなくても、話しかけられやすい状況を作り自然体でいれば、おのずと機会はやってくるでしょう。

キャンプ場だけでなく登山口や渓流の釣り場に近い駐車場には、夕暮れ時にバックドアの下で静かに寛ぐ人の姿が見られます。

食事の取り方①

車中泊時の外食はランチがおすすめ

車中泊なら宿泊費がかからないので、訪ねた土地のお店でおいしいものを食べるようにしています。あるいは、旅館に泊まれば、どこも同じような料理しか出てこないので、好きなものをお店で食べて車中泊をしています……。

車中泊の旅を楽しんでいる人たちが書いているブログを見ると、確かにそういった記述をよく見かけます。しかしそれが夕食であるとは限りません。ガイドブックに紹介されている郷土料理の有名店は、駅や繁華街の近くにあることが多く、往々にして道の駅などの車中泊がしやすい場所とは離れています。また人気の高いお店は、夜は予約が必要という場合も少なくありません。

車中泊を行なえる場所が少ない京都市内では、お昼にゆっくり外食をして雰囲気を味わい、夜には郊外に車を移動するスタイルがおすすめです。

そう考えると、車中泊の旅では美味しいものを「昼食」に当てるのが最適であることが分かります。今はカニで有名な地方の宿でも、御膳料理に温泉をセットにした日帰りコースを設けていますし、割烹でもランチメニューのある店が増えてきました。そもそも外食産業は夕食で収益を稼ぐ構造ですから、ランチタイムの方が安く美味しい料理が食べられるのは当然です。また私のように晩酌がしたい人には、昼間は我慢できても、夜はスーパーでお刺身かお惣菜でも買って、車の中や横で一杯やりながら食べる方がありがたいのです。

また車中泊では宿泊と入浴、そして郷土料理のような食事が一度にできる施設を、いつも都合よく見つけられるとは限りません。車中泊地の近くでよさそうな食事処を散々探し回った挙句に、結局どこにでもあるようなファミリーレストランで食事をすることになったというのでは、まさに労力の無駄遣いになってしまいます。

キッチン機能が充実したキャンピングカーとは違い、ミニバン車中泊の場合は、外食の方が好ましいと考える人は多いと思います。確かに道の駅を転々とする旅ではその通りですし、今は一人旅ならむしろ外食の方が安く済ませられるもしれません。しかし先ほど書いた事情を考えれば、連日夕食に揚げ物を食べたり、出てきた料理を残さないよう無理をして食べるよりは、好きなものを好きな量だけ食べられる自炊の良さが見えてきます。特に長旅では、外食と自炊をうまく使い分けることをおすすめします。

ランチでおすすめなのは「海鮮丼」。写真のものは、なんと380円で食べられました。

食事の取り方②

お弁当をうまく活用し、無駄な手間を省いて節約

自炊については、82頁のリアゲートキッチンのところでも触れたので、ここでは、自分で作るお弁当の活用法について詳しくご紹介しようと思います。

私は釣りや写真撮影のために車中泊を行なうことが多いのですが、初日（出発日）の夕食にはよくお弁当を用意して行きます。朝、出発をするときにランチジャーにお弁当を入れて持って行くのです。そうする理由は、目的地の周辺にレストランやスーパーが少ないということもあるのですが、何よりも写真撮影に最大限の時間を費やしたいと思うからです。写真撮影が目的だと食事は二の次になるので、たとえ外食であっても、店を探したり、買出しに行くことは面倒に感じます。お弁当を持って行けば、食べたいときに食べられるので非常に便利。また、ランチジャーはおかずとご飯、そして味

噌汁までもコンパクトに収納できる、実に優れた器です。

北海道旅行のような長期の旅でも、お弁当をうまく活用すれば、無駄な手間を省いて、節約もできます。朝、多めにご飯を炊いておにぎりを作り、ウインナーや玉子焼きなどの簡単なおかずと一緒に、市販のパックに詰めておけばいいのです。それだけのことで、昼食のことを気にせずに行動できるようになるので、非常に効率がよくなるのです。

お弁当と同じように、食事を持っていくという旅のスタイルで便利なアイテムをご紹介しましょう。その名は、真空保温調理鍋。内鍋で調理し、外鍋に入れて長時間保温ができる、二重構造をした家庭用の調理器具です。ご飯を炊くこともできるし、60~70度でおよそ6時間もの保温ができるスグレモノ。これなら多少は冷めるでしょうが、夕食用のご飯を多めに炊いておき、それを翌朝まで保温しておいておにぎりを作るなんていう使い方も問題なくできると思います。

もちろん、おでんやカレー、シチューといった煮込み料理にも使えます。容量が大きいタイプを選べば、スキー場やアウトドアフィールドでも重宝するでしょう。使い方は簡単で、出発前に自宅で一度煮込んでおき、それをそのまま持っていくだけ。車で移動する間に、保温効果で野菜などが柔らかくなり、昼食時にはちょうど食べ頃になってくれます。おすすめは持ち運びに便利な取っ手付きの『シャトルシェフ』(サーモス)。携帯用ではありませんが、1~2名用の小さいサイズもあります。

朝にキャンプ場でお弁当を作り、ロープウェイで北海道最高峰の旭岳へ。お弁当にするだけで、家族分のロープウェイ料金が浮いてしまうほどの効果があります。

炊飯器にご飯、真空保温調理鍋にカレーを作らせて、人は遊ぶ……。そんなアウトドアスタイルもありだと思います。

まだまだある！車中泊での自炊アイデア

車中泊での自炊に取り組んでいると、驚くような方法を実践している人に出会ったり、思わず指を鳴らしたくなるようなアイデアが浮かんだりと、調理とはまた趣の違った楽しさがあります。ここでは、車中泊で使えるアイデアをいくつかご紹介しようと思います。このようなアイデアは、テントキャンプの書籍を見ればたくさん載っているので、興味のある人は探してみると良いでしょう。また、アイデアを生み出すコツさえつかめば、まだまだオリジナルのユニークな方法を見つけることができると思います。ぜひ、みなさんも自分だけの便利なアイデアを生み出せるよう、考えてみましょう。

●飯盒の画期的な使い方

飯盒は、ご飯を炊くものだと決めつけてはいませんか？　その深くて長細い形状を見て気づいたのは、薄いものなら縦に入れれば一度にたくさん入るということと、少量の水でも容積を稼げる構造だということ。つまり飯盒なら、レトルトのカレーやライスなら少量の水で2人前くらい一度に茹でて温めることができるのです。しかも、焦げることがないので多少の時間なら放っておける

レトルト食品を温めるのに飯盒は便利。

し、使う水は直接口に入れないので、川の水を使っても大丈夫。まさに現代のアウトドアらしい使い方だと思います。

●カップ麺のスープの捨て方

道の駅のパーキングやベンチで、持参したカップ麺を食べることはよくあることです。そのときに持て余すのが残ったスープ。すべて飲み干せば問題はないのですが、それが苦手という人は、100円均一ショップなどで漏斗とコーヒー用のペーパーフィルターを買って持参し、それを使って食べ残した麺とスープを分離します。スープは空にしたペットボトルで受けてやれば手を汚すこともありません。もちろん、食べ残した生ゴミとスープの入ったペットボトルは、キャンプ場か自宅で処分するようにしてください。

●牛乳パックの使い道

車中泊で一番便利なのは調理ばさみですが、メロンなどのフルーツが旅の途中で安く手に入ったときのために、ペティーナイフも持参しておきましょう。牛乳などの紙パックを解体して内側の面を使えば、まな板として使うことができます。ただし、生ゴミは持ち帰るか、最初から処分できる場所で食べるようにしましょう。

牛乳パックは、ほかにも紙コップ入れとして使ったり、おにぎりなどのお弁当パックとして使うなど、リユースに向いた素材です。

漏斗は100円均一ショップで手に入れることができます。

●ラップで水を節約&手間を省く

自宅でも、おにぎりを作るときにラップを使う人は多いと思います。衛生的であると同時に手が汚れないので、作り終えた後にわざわざ手を洗う必要がありません。水を使いにくい車中泊では、大いに役に立ちます。それを応用したのが、お皿にラップを敷いて、その上に料理を盛りつけること。食べ残しをすばやく片づけられ、お皿を汚さない良い方法です。

●クーラーボックスは往復で使う

これは1泊、あるいは2泊程度の短期の旅で使える方法です。行き道で冷やした飲み物や食材を入れておいたクーラーボックスは、海産物をお土産にでもしなければ、帰り道ではまず空になっていると思います。であれば、これまでにご紹介してきた方法で発生した生ゴミや汚れた食器類は、そこに入れて帰るようにすれば良いのです。もともと積んできたものなので、荷物が増えてしまうわけではなく、万一、汁などが漏れてしまっても車内を汚さずに済みます。

ちなみにクーラーボックスは、キャンプ用よりも海釣り用の方が納まりが良く、保冷力があって種類も豊富に揃っています。

防水性能の高いクーラーボックスは用途が広いアイテムです。

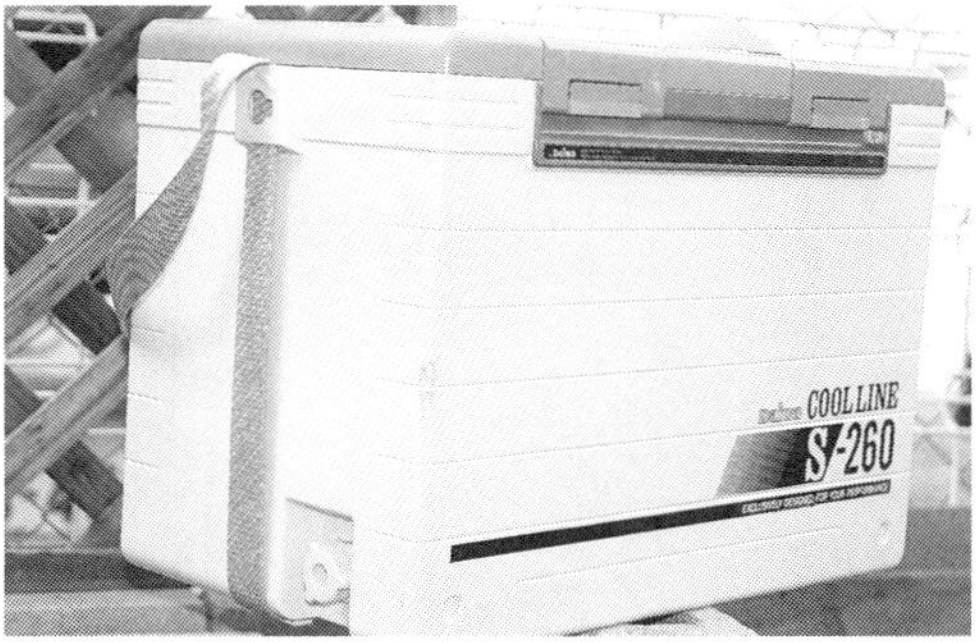

AUTO CAMP

第七章

車中泊で行く北海道の旅マニュアル

憧れの北海道を巡る旅

大自然に改めて考えさせられる自由と責任

たくさんの人から、キャンプ天国として愛されている北海道。そこには広大な大地と自然の恵みだけではなく、キャンパーを温かく迎えてくれる環境があります。みなさんの中にも、そんな本州とは違うインフラを持つ北海道を、車中泊で旅してみたいと思っている人がいるのではないでしょうか。

この章では、私が車中泊で北海道を旅したときの話を紹介しようと思います。北海道ではこれまでに紹介してきたノウハウやテクニックを実践したのですが、そのときに気づいたことや感じたことの中には、みなさんが北海道の旅を計画するときにはもちろん、別の場所で車中泊を行なうときにも役立つことがたくさんあるのではないかと思うのです。

私と北海道の出会いは2000年の夏。快適な車中泊ができるボンゴフレンディを購入し、数々の改造を加えた後、17

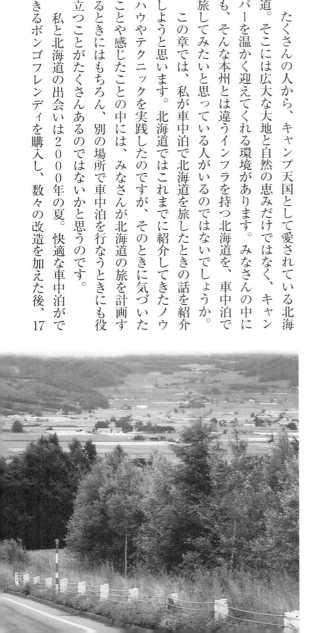

泊18日のロングツアーを敢行しました。同乗者は、当時、小学生だった2人の子供と妻の計4名です。大阪に住んでいた私にとっては、北海道への行き帰りでは福井県の敦賀と北海道の小樽を結ぶフェリーを使うのが便利でしたが、この年は帰りの便に空きがなく、別のルートを選択しなければいけませんでした。選択したのは、函館から青森に渡り、陸路で大阪まで戻ってくるルート。途中、青森、蔵王、黒部の3カ所で車中泊をしました。そのようなこともあって、旅の総走行距離は約4000キロにも及んだのです。

もちろん、この本を読んだからといって、北海道での車中泊旅行が計画通りに進むとは限りません。そんなに北の大地は寛容ではないのです。夏であっても雨や風、あるいは寒さなどの、圧倒的な自然の力に打ちひしがれる日がきっとあるはずです。しかし、バスツアーではなく、自分たちが思うままに旅をするのですから、それくらいのことは覚悟していなければ、車中泊の旅などできません。

自由と責任。ビジネスや実生活の中では、もしかすると形骸化しているかもしれないこの言葉が、大自然の中では今でも生きているのです。

計画の立て方

旅の目的を絞り込んで満足感アップ、疲労感ダウン

北海道で楽しめる遊びは、観光やドライブ、アウトドア、温泉、グルメなど、多種多様です。しかし、短期間のうちにいろんな遊びをしようと欲張っても、広い北海道では無理があります。たとえば、札幌～知床は４００キロ以上の距離があります。そのうち高速道路が整備されているのは、まだ半分ほどにすぎません。東京～大阪は高速道路完備で約５００キロですから、北海道での移動がいかに大変なものであるかが想像できると思います。ですから、北海道に行くときは、ある程度、遊びの目的を絞っておかなければ、移動で時間をロスして、楽しみにしていたことができなかった、なんてことにもなりかねません。仮に、盛りだくさんの予定をすべて消化できたとしても、旅を終えたときに感じるのは満足感ではなく疲労感だと思います。「腹八分目」こそが、北海道を楽しむためのキーワードなのです。

北海道を車中泊で旅することを決めたら、まずはしたいこと、行きたいところなどの目的をすべて書き出し、優先順位をつけてみましょう。そしてさらに

富良野のラベンダー。彩の畑で有名な上富良野のファーム富田のラベンダーが満開を迎えるのは、毎年、海の日のころ。8月に入ると花の色があせ、その盛期を終えてしまいます。

インターネットや、雑誌などで情報を集めて、優先順位の精度を高めます。もちろん、目的に合った時期がいつなのかということも考えておきます。花の浮き島、礼文《れぶん》島のアツモリソウが見たければ6月ごろ、富良野のラベンダーが見たければ7月ごろに行かなければいけません。優先順位の精度が高まってくると、旅に必要なおおよその日数も分かってくると思います。それが分かれば、その日数の休暇が取れるかどうかを考えましょう。ラベンダーの時期は無理でも、初夏なら休暇が取れるという人もいるでしょうし、その逆の人もいるかもしれません。休暇が取れる時期を予想することによって、旅の目的を取捨選択したり、優先順位を再考したりする必要があるかもしれません。

旅の計画を立てていると、もっと詳しい情報が知りたい、もっと具体的な情報が欲しいと思うことがあると思います。そのようなときに、さらに一歩踏み込んだ情報を集められるかどうかは、あなたの行動力次第です。勇気を出してお気に入りのウェブサイトの管理者にメールを送ったり、ブログにコメントを書き込んだりしてもいいでしょう。聞きたいことを事前にしっかりと整理して連絡をすれば、私を含めた車中泊経験者は、みんなあなたの応援をしてくれるはずです。安易な推測に基づいて計画を立てることは、大失敗のもとです。また、準備不足で楽しめるほど北の大地は甘くありません。マイツアーには、現地で助けてくれるコンダクターはいません。頼りになるのは立案者であるあなただけということをお忘れなく。

摩周湖の水に触れることはできませんが、近くにある同じ水源の神の子池と呼ばれるところに行けば、神秘の水に触れることができます。

観光地の訪れ方

「ついで」と「わざわざ」をうまく使い分けることが大事

北海道は、景色を眺めているだけでも十分に楽しめるところです。初めて訪れたときは、どこでも思わず車を停めたくなってしまうかもしれません。しかし、旅の時間には限りがあり、また景色にも旬があります。「わざわざ」と「ついで」をうまく使い分けることが大切です。

たとえば、北海道らしい景観を演出する牧草ロールは、ニセコや富良野では探さなければ見ることができないかもしれません。しかし、十勝に行けば、見飽きるほど転がっています。また、キタキツネや蝦夷鹿は、何も牧場などに行かなくても、知床では向こうから車のすぐ近くまで来てくれます。つまり、これらは道東に向かえば、いつかは「ついで」に遭遇するものなのです。

一方、屈斜路湖を一望できる美幌峠に行くには、「わざわざ」遠回りしなければいけません。美瑛のパッチワークの丘でさえ、「わざわざ」国道からわき道に逸れなければ、立ち寄ることができないのです。おおらかな風景とは裏腹に、実は北海道では綿密な計画がとても重要になるのです。

キタキツネは、道東まで行かなくても、餌にありつけるキャンプ場周辺には結構住んでいるようです。エキノコックスという寄生虫に感染している場合もあるので注意が必要です。

北海道ではどの観光施設に行っても、結構な距離を歩かされます。スケジュールを組むときは、普段の倍の時間配分をしておき、余裕を持った行動をしましょう。また、現地の案内地図を見て予想できる距離は、あまり当てになりません。A4やB4サイズのパンフレットに収めるために、縮尺通りに書けないのかもしれませんが、30分ほどかかるところが、すぐ隣に書いてあったりします。つまり、現実は現地のパンフレットに紹介されているおすすめポイントを、1日で3～4カ所回れればよい方なのです。ツアーなどでは、富良野から美瑛あたりを1日で巡るなんていうものもありますが、これは単に「通過」するだけに近いことだと思っていいでしょう。

また釧路や阿寒などの自然が豊かなエリアには、ネイチャーセンターもしくは、ビジターセンターと呼ばれる無料の案内施設があります。見つけたら、まずはそこで情報を仕入れてから行動を起こすのが賢者の手順です。見所も分かるし、動物たちの生態やお目当ての生き物の観察場所なども丁寧に教えてくれます。

根室の春国岱《しゅんくにたい》原生野鳥公園のネイチャーセンター。
春国岱では夏でも野生のオジロワシや、タンチョウを見ることができます。

北海道に行くには必ず使わなければいけないフェリー

本州から北海道にマイカーで行くには、必ずどこかでフェリーに乗らなければいけません（青函トンネルには自動車で通れる道路はありません）。左頁に記載しましたが、北海道行きのフェリーは、青森・大洗・名古屋・敦賀・舞鶴などから出航しています。この中でも、青森・大洗・舞鶴からのものが利用者の人気を集めているようです。関東地区に住んでいる人は、多くが大洗発の便を利用しますが、比較的空いていて、料金の安い新潟発の新日本海フェリーを利用する人もいるようです。

中京以西の地域から北海道を目指す場合は、約20時間で到着できる舞鶴発の高速船がおすすめです。この便は小樽に夜の8時過ぎに到着するので、車中泊の旅人にはむしろ好都合。小樽港の近くには、道の駅「スペースアップルよいち」があります。ただし、往復いずれも1日1便なので、夏休みの週末やお盆の時期には、予約を取るのが難しくなります。また、一度の電話で往復の便の予約を取ることはできないので、帰りの便の予約を取るためには、再度、電話をかける必要があります。

新日本海フェリーのフォワードデッキ。大型客船には乗船客がくつろげるスペースが用意されています。

フェリーに乗る際に気をつけなければいけないのが、車外の荷物です。特にリア部分に自転車などを乗せて、車検証に書かれた全長を超えてしまうと、超過料金を請求されることがあるので注意してください。

本州・北海道間の主な運航フェリー

航路	所要時間
●東日本フェリー	
青森〜函館 （大間〜函館間も運航）	約4時間
青森〜室蘭	約7時間
●商船三井フェリー	
大洗（茨城県）〜苫小牧	約18時間
●新日本海フェリー （秋田、新潟寄港便も運航）	
舞鶴（京都府）〜小樽	約20時間
敦賀（福井県）〜苫小牧	約20時間
●太平洋フェリー	
名古屋〜苫小牧	約39時間 （途中、仙台に寄港）

新日本海フェリーでは、運転手と家族はそれぞれ別の入口から乗船します。船内に持ち込む荷物は、前もって紙袋などに小分けにしておきましょう。

北海道で必要な資料

移動時間を予測するときは普段の感覚はあてにならない!?

北海道を車中泊で旅するときに欠かせない資料が2つあります。それは、地図とキャンプ場ガイドブックです。地図は、国道や高速の区間ごとに距離が書かれているものを用意してください。なぜなら、毎日の走行距離から移動時間を弾き出し、その日の観光や遊びに当てられる時間を把握する必要があるからです。この予測が甘いと、毎日の計画はガタガタに崩れてしまうので、慎重に、かつ、できる限り正確に試算しましょう。おすすめは、1枚の紙に収められた全道地図です。ガイドブックに付属した地図では、エリアが変わるたびに、いちいちページをめくって電卓をたたかなければならないので、かなり面倒な作業になります。

キャンプ場ガイドブックが必要なのは、無料や1000円程度で泊まれるキャンプ場が、北海道にはたくさんあるからです。わざわざ、不便な道の駅を好んで利用する必要はないのです。希望する宿泊予定地にキャンプ場がないときに、そこではじめて道の駅を探せば良いのです。料金の安い穴場のサイトは、

キャンプ場ガイドブックについて

本州で手に入れられる北海道のキャンプ場ガイドブックは、テントキャンプを前提に作られているため、車中泊に適したところはあまり紹介されていません。また、無料サイトなどで「オート不可」となっているところでも、電話で車中泊であることを説明すれば、駐車場を開放してくれるなど、それなりの対応をしてくれるところもあります。

1時間で移動できる距離の目安

●旭川よりも北や東の地域を国道を使って移動するなら、1時間でおよそ60キロ。
●旭川以西の地域から札幌方面に向かう場合は、1時間でおよそ40キロ。
●苫小牧や室蘭を含む道南都市部では、1時間でおよそ30キロ。

『北海道キャンピングガイド』（ギミック）などに詳しく記載されています。

交通事故による死亡者数が、都道府県別では常にトップクラスの北海道ですが、現地に行けばその理由がすぐに分かります。札幌をはじめ、函館、旭川、釧路、根室のように、名前が知られている地域を除けば、国道と国道が交わる交差点でも、信号がないところが今でもたくさんあるのです。

もちろん、見晴らしが良いので、対向車や交差点に進入してくる車はしっかり見えるのですが、あまりにも視界が広すぎるので、スピード感覚と距離感が狂ってしまい、停車する前に衝突してしまうというわけです。特に道東の牧場が多い地域では、意識してスピードメーターをチェックし、運転するようにしてください。国道で速度が１００キロ以上出ていても、速いと感じないかもしれません。

また、このことは、前頁で述べた走行距離から移動時間を算出するときにも頭に入れておかなければいけません。つまり、１時間で移動できる距離が都市部を移動するときとは雲泥の差があるということです。参考までに、おおよその目安を１７０頁の下に記載しておきます。

長い直線の道路を運転するときは、スピードの出しすぎに注意しましょう。

洗濯と虫対策

キャンプ場選びで大切なランドリー設備の有無

前述しましたが、北海道には無料もしくは1000円前後で利用できるキャンプ場が各地にあります。もし、車内に作ったベッドの寝心地が思ったほど良くなく、腰や背中が痛くなるようなら、キャンプ場にあるバンガローを利用するといいでしょう。多少、費用は高くなりますが、4000円ほどで泊まれます。ただし、バンガローには、テレビや冷蔵庫は備えられていません。コテージと勘違いしないようにしましょう。

また、ガイドブックでは、安価で利用できるキャンプ場はあまり紹介されていませんが、インターネットではそれらの情報が流れています。お盆の時期や週末に利用するのであれば、予約をしておいた方が確実でしょう。

別海町ふれあいキャンプ場。家族4人で区画サイトを利用してもリーズナブルな高規格オートキャンプ場です。コインランドリーと水洗トイレを完備。入浴施設も隣にあるので歩いて行けます。

あと、長期の旅では必ず使うことになるのがランドリーです。3日に1度くらいのペースで洗濯をしなければいけなくなります。でも、格安で利用できるキャンプ場には、ランドリーはほとんどありません。ランドリーを使いたいときは、利用するキャンプ場のグレードを少し上げることを検討しましょう。町中でコインランドリーを探すという方法もありますが、事前によく調べておかないと、簡単には見つけられません。

夏場に北海道を訪れる場合は、虫対策をしっかり行なう必要があります。北海道のアブは本州にいるクマバチくらいの大きさがあるので侮れません。アブには、車が放つ熱に集まる習性があるそうなので注意が必要です。また、羽根アリに遭遇すれば、その日に使うものすべてがアリだらけというひどい目に遭います。特にキャンプ場には虫が多く、カーサイドタープやサイドオーニングは、ほとんど役に立ちません。荷物が増えますが、スクリーンテントを持参することをおすすめします。なお、阿寒湖周辺の内陸部では、8月でも気温が10度以下になることも珍しくありません。メッシュだけではなく、フライシートを備えた二重構造のタイプを持って行きましょう。

薬は虫刺され用のかゆみ止めのほかに、抗ヒスタミン薬なども持参するようにしましょう。虫に刺されてしまうと、なかなかかゆみは引かないし、旅の最中には簡単に薬局を見つけることはできません。特に同乗者に小さな子供がいる場合は、応急処置をして早めに医師に見てもらうようにしましょう。

昔ながらのハエ取り紙。北海道ではトラブルで動かなくなる電化製品より、ハエ取り紙や蚊取り線香などのアナログなアイテムの方が頼りになることがあります。

予算の立て方、使い方

贅沢ばかりではなく自炊率を高めて軍資金にゆとりを

フェリー代や高速代、ガソリン代は、計画したルートと距離から、ある程度の試算ができると思います。ただ現地では、買物や温泉に行くために想像以上に車を運転しなければいけなくなるので、移動距離は3割くらい上乗せして試算しておくとちょうどいいくらいでしょう。北海道では20キロはすぐそこという感覚なのです。

問題は毎日の生活費。私が北海道に行ったときに目標にしていたのは、1日平均1万円で過ごすことです。つまり、滞在日数が10日なら、10万円で3食取り、遊び、温泉につかってキャンプ場で寝る勘定。もちろん平均なので、カニを食べた日は当然オーバーしますし、自炊でジンギスカンをした日は浮くことになります。初めて北海道に行くという人は、贅沢をしてしまうと思うので、いくらか上乗せした予算を立てておくと安心でしょう。節約の秘訣は、自炊率を高めて外食を減らすことです。特に昼食でコンビニなどを使わず、手弁当でまかなうようにすれば、劇的に出費を抑えることができます。あとは、有料施

北海道で一番多いコンビニはセイコーマート。品ぞろえもよく、車中泊の旅行者には強い味方ですが、場所によっては24時間営業でなかったり、ATMのないお店もあります。

設に入るときは吟味することを心がけてください。北海道には、無料で楽しめるところがたくさんあるのですから。

現地での支払いは現金とクレジットカードの併用が便利です。本州に比べると銀行はかなり少なく感じますし、コンビニにATMが置かれていない場合もあります。そこで私は支払いが高額になるガソリンスタンドではクレジットカードを利用し、日々の食品の買物と、入浴代、キャンプ場代などに現金を当てています。また旅先では財布を分散して、万が一の場合に備えておくと安心でしょう。

なお、現金や貴重品が一番危険にさらされる場所は、フェリーに乗っている最中です。割安でファミリーに人気の2等寝台でも、鍵をかけられるロッカーはありません。貴重品はフロントの金庫に預けるようにしましょう。


海鮮丼として食べることもできる手巻き寿司は、ほとんど調理を要せずに北海道のご馳走気分が味わえるおすすめのメニューです。

北海道で役立つ道具

北海道の食を満喫するために必要なキャンピングギア

北海道の車中泊旅行で、一番役立つのが冷蔵庫です。旅行中の買出しで大切なことは、自分のペースではなく、お店を見つけたときに行なうようにすることです。クーラーボックスは、定期的に氷を補給しなければいけませんが、そうタイミングよくお店はありません。牧場地帯や山間部に入り込むと、最寄りのスーパーまで往復１００キロ以上走らなければいけないなんてことも、決して珍しくありません。タイミングを逃してしまうと、その日の夕食は生鮮食品なしというさびしいことになってしまうかもしれません。食べるものがないという事態にも陥りかねないので、最低1食分はインスタントやレトルト食品を用意しておくようにしましょう。

ほかに役立つ道具は、蓋が付いたゴミ箱です。自炊したときに出る生ゴミは、ビニール袋に入れたくらいでは、いくら口を強く縛っても、猫やキタキツネを呼び寄せてしまいます。食い散らかされると、後始末がたいへん。密閉できるゴミ箱があれば、たとえ臭いをかぎつけて来たとしても、簡単に食い散らか

北海道のキャンプ場のゴミステーション。キタキツネやヒグマが来ても荒らされないよう、生ゴミ類は頑丈な倉庫に保管します。夜はゴミをここに捨ててから寝ると安心です。

されることはありません。あとは、自炊で余った食材を必ず車の中に入れてから寝るようにすれば大丈夫。北海道のキャンプ場にあるゴミ箱は、頑丈な金網で保護されています。これは、もしヒグマが残飯の味を覚えてしまったら、たいへんなことになるからです。人間を恐れず、キャンプ場に頻繁にヒグマが出没するような事態になるのは避けなければいけないのです。

　長期の旅を快適にするには、コンパクトで多機能なキャンピングギアが必要です。着替えの服など、かさ張る荷物もあるので、できるだけ荷物は減らさなければいけませんが、現地で焼きタラバや新鮮な岩ガキを食べたいと思うのは当然です。それを叶えるためには、コンパクトなＢＢＱコンロを用意しておきましょう。また、調理器具で重宝するのは、キャンプ用ではなく家庭用の蓋付きフライパン。蓋さえあれば、すき焼きも作れるし、焼きそばや干物を焼くこともできます。普段のおかずのほとんどは、フライパンで調理できるのです。

　キャンピングギアを選ぶときに気をつけたいのが、燃料を何にするかです。専用のガスやガソリンは、切らしたときにどこでも簡単に手に入れられるものではありません。比較的、入手しやすいカセットガスカートリッジを燃料にしたキャンピングギアを使用することをおすすめします。

上）カセットガスカートリッジが使えるバーベキューコンロ。
下）イワタニの『カセットフーJr.』。ミニサイズのカセットガスカートリッジ用に設計されたガスコンロ。レギュラーサイズのカートリッジも使えます。上に載せているのは、8インチのダッチオーブン。

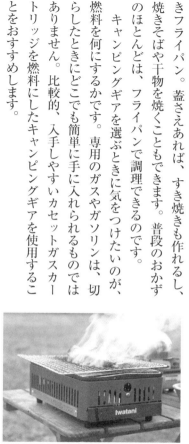

着替えと食べ物

旅の最中は荷物を減らすことを常に意識しよう

北海道では真夏でも長袖が必要ですが、暑さ寒さの感じ方は人それぞれ違うので、実際には行ってみなければ分かりません。従ってシャツやフリースなど、着たり脱いだりしやすい、重ね着できるものの方が役に立ちます。場所や時間帯でもかなり気温が変わるので、小まめに調節するようにしましょう。子供は簡単に風邪をひいてしまうので、注意が必要です。

着替えは、4日分を用意しておくのが妥当な量だと思います。それ以上用意してしまうと、荷物がかさ張り、逆に少ないと、万一、洗濯ができないときに不快な思いをすることになります。いずれにしても、洗濯ができる機会は決して多いわけではないので、着替える回数を無駄に増やさないようにしましょう。幸い、汗はほとんどかかないと思います。

前の頁にも書きましたが、必ず1食分は保存食を用意しておきましょう。カップ麺はかさ張るので、カレーなどのレトルト食品がおすすめです。また、お米は無洗米を買っておくと手間が省けます。2合や3合ずつビニール袋に小分

無洗米には、写真のように最初から小分けされた商品もあります。

けにしておくと、現地では楽でしょう。また、念のため、飲料水のミネラルウォーターも車に積んでおきましょう。空になったペットボトルは、1本残しておくと湧き水を見つけたときに役立ちます。

また、北海道への行きと帰りに必ず利用することになるフェリーですが、新日本海フェリーは運転手だけが車で、ほかの同乗者は徒歩での乗船になるので、あらかじめ食料や着替えなどの荷物を小分けにしておくと便利です。船内には給湯器が用意されているので、カップ麺はいつでも食べられますが、乗客が多いときは、順番待ちをさせられることもあります。そのようなときは、食事の時間を少しズラすことも考えましょう。カップ麺のほかに、船内への持ち込みに適した食べ物は、果物やパン、ソーセージなど、調理をせず、手間をかけずにそのまま食べられるものです。船内には比較的空いているレストランがありますが、営業は断続的なのでいつでも利用できるというわけではありません。

あと、船内には長袖のウエアも必ず持ち込むようにしましょう。船内は思ったよりも涼しく、寒いと感じる人もいると思います。到着までに風邪をひかないように気をつけましょう。

上）フェリーへの荷物の持ち込みや、エコバック、あるいはランドリーバックとしても利用できるトートバック。使わないときは折りたたんでおける薄手の素材でできた製品がおすすめです。

下）新日本海フェリーの一等個室。洋室と和室があります。個室は鍵がかかるので多めに荷物を持ち込んでも安心です。

ドライブの留意点

北海道ならではのドライブの落とし穴に注意

北海道では、どうしても車に乗っている時間が長くなります。町を離れてしまうと、なかなかガソリンスタンドが見つからないので、ガソリンの残量を示すメーターが半分になったら給油をするようにしましょう。

また、道路がまっすぐで見通しが良いからといって、スピードを出しすぎてはいけません。事故を起こしてしまっては、せっかくの楽しい旅行が台なしになってしまいます。また、スピード違反で捕まれば、気まずい雰囲気にもなるでしょう。北海道は「ネズミ捕り」が多いので、行く前にはレーダー探知機を忘れず用意されることをおすすめします。

また、本州ではそれほど気にすることがない「動物注意」の標識も、北海道では重要です。実際、牛もシカも道を渡るし、高速道路でヒグマがはねられたことさえあります。特に夜間の運転では注意が必要でしょう。また、カーナビに頼りすぎると、荒れた砂利道などに導かれて、悪路をひたすら走らされる危険もあります。初めての場所では、抜け道などという考えは捨てて、国道を走

GPS機能を搭載しているレーダー探知機。スピード表示も車のメーターより正確です。

るようにしてください。本州でいうところの県道でさえ、北海道ではすべてが舗装された道路であるとは限らないのです。

中標津のミルクロード。十勝の牧場エリアをまっすぐに走る壮観な道路です。

根室の霧多布湿原。道路が霧のグラデーションに消えていく神秘的な光景です。

お天気情報をしっかりキャッチしよう

ラジオなどで北海道の天気予報を聞くと、まず最初に面食らうのが地域の呼び方です。北海道では慣例的に地域を示すときに、都市名ではなく支庁名を使います。たとえば、札幌は石狩支庁、富良野は空知支庁、函館は渡島支庁などといわれ、慣れるまでは分かりにくいのではないかと思います。

車中泊の旅をしていると、テレビや新聞などから情報を得るのを忘れてしまいがちです。帰りのフェリーに乗ろうと港に着くとフェリーが欠航になっていた。台風が迫ってきていたことなんて、全然知らなかった……。これでは笑い話にもなりません。少なくとも2日に1度は、世の中のニュースに触れるように心がけましょう。

ラジオや新聞に掲載されている道内の天気予報を見るのもいいのですが、予報エリアが広すぎるので正確とはいえません。そこで翌日の目的地の天気を知りたいときの裏ワザを、ひとつ紹介しましょう。それは、目的地にあるキャンプ場に電話をかけて聞くという方法です。キャンプ場にとって天気は死活問題。誰よりも注意を払っていることでしょう。

支庁の名称とその所在地

名称	支庁所在地
石狩支庁	札幌市（中央区）
空知支庁	岩見沢市
後志支庁	倶知安町
渡島支庁	函館市
檜山支庁	江差町
胆振支庁	室蘭市
日高支庁	浦河町
上川支庁	旭川市
留萌支庁	留萌市
宗谷支庁	稚内市
網走支庁	網走市
十勝支庁	帯広市
釧路支庁	釧路市
根室支庁	根室市

悪天候との付き合い方

天気が悪い日は、臨機応変に計画を変更

7月下旬から8月上旬、北海道は蝦夷梅雨の時期です。特に釧路などの道東地域では、その時期、一旦天候が崩れてしまうと、しばらくはぐずついた天気が続くことが多いでしょう。そのような天気に出くわしたときには、思い切って予定を変更するなどの対策が必要かもしれません。狩勝などの峠を越えて空知に入ると、天気が変わることもあるようなので、前頁でご紹介した裏ワザなどを使い、周辺地域の天気を把握して、旅に生かすようにしましょう。

「雨の景勝地より、晴れの無名地」。これは私の体験から得た格言ですが、北海道には、まだまだ知る人ぞ知る隠れた名所があるはずです。車中泊の機動力を生かし、そんなスポットを探し回るのも、旅の楽しみ方のひとつだと思います。

予定通りではなくても、雨の日にコインランドリーを利用するのも時間を有効活用できる良い方法です。

富良野にある『「北の国から」資料館』。博物館や資料館も雨の日の観光にはおすすめです。

特産品の賢い買い方

産地で食べれば安くてウマい！ 食は旅の醍醐味

北海道各地のスーパーで簡単に手に入る特産品といえば、ジンギスカンです。「白樺」や「北とうがらし」のような有名店で食べるのもいいですが、どこのスーパーに行っても、精肉売り場にはタレに漬け込んだ冷凍の羊肉パックがあり、アルミでできた使い捨ての専用鍋も一緒に売られています。北海道では羊肉とタマネギだけで食べることが多いようですが、好みに応じてピーマンやニンジンを加え、最後にうどんでシメても美味しく食べられます。また牧場や専門店の中には、冷凍していない生のタレ付き肉を、店頭販売してくれるところもあります。

そのほかでは、豚丼のタレやスープカレーの素もスーパーで売っており、ジンギスカンと同じく旅の途中で北海道らしいご飯を自前で楽しめるメニューといえるでしょう。

ラム肉はジンギスカン鍋で焼くと柔らかくなり、食べやすいです。

海産物ではタラバガニが有名ですが、ほかにも時期と場所を選べば美味しいものがたくさんあります。ほとんどの車中泊旅行者は、避暑を兼ねて夏の北海道に行くと思うので、その時期に旬を迎える場所を訪ね、祭りや風物詩と呼ばれる景色とともに、特産の魚介類を食べるのがおすすめでしょう。

具体的な事例をいくつか挙げると、まずオホーツク沿岸では、流氷の下でたくさんのプランクトンを食べて育つ毛ガニがあります。毎年7月第1週には、日本一の水揚げ高を誇る枝幸町で、盛大なカニ祭りが行なわれ、全国から驚くほどのキャンピングカーが集結します。またその時期には、近くのサロマ湖で北海シマエビとホタテ漁が行なわれています。

一方、根室の海域では、花咲ガニが夏にピークを迎え、野付半島では珍しい「打瀬舟」による北海シマエビの漁が見られます。また太平洋側の厚岸では粒の大きな岩牡蠣も食べられます。

今度は農産物です。夕張で赤肉メロンを買えば一玉2000円以上しますが、道の駅ニセコビュープラザでは、小ぶりだったり、形の悪いものなら、600円ほどで赤肉、青肉ともに手に入ります。しかも食べ頃の期日を書いたシールが貼られているので、お土産にすることもできます。アスパラやトウモロコシを含めて、様々な種類の野菜と果物がそろうのは、観光農場や自然食品のレストランが多い、ニセコと富良野・美瑛一帯でしょう。南富良野には蕎麦で有名な新得もあります。

北海道ではキャンプ場などの自炊ができる施設を利用して、現地のソウルフードにチャレンジするのもひとつの楽しみです。左の写真は花咲ガニの鉄砲汁で、濃厚なダシが出ると評判です。

旅の記録──日記は風化しない

すでにブログやウェブサイトを持っていて、実践している方もいるとは思いますが、車中泊の旅の記録を残すのは良いことだと思います。旅を終えて一段落したら、日記や紀行文として自らの体験をまとめておくのです。私がこうして書籍を出版できたのも、3年間にわたる旅の記録を克明に残しておいたからにほかなりません。一体、どんな風にそれらが生かされるのかは、誰にも分からないものなのです。

さて、ここでは、みなさんが旅の日記や紀行文を、将来、インターネットで多くの人々に公開したいと思ったときに役立つ記録の仕方のコツをご紹介したいと思います。

●旅程の記録

旅の記録を公開しているブログやウェブサイトを見ていると、訪ねたルートが一目で分かるように、地図に印を入れて掲載している人がいます。これは、読む人にとっては非常にありがたいことです。なぜなら、他人の旅行記を読みたいと思ってインターネットで情報を探している人には、旅の経験者か予定者が多く、地図による具体的な説明は、旅をイメージするときや実際に訪れると

写真はデジカメでできるだけたくさん撮影し、高画質で保存しておきましょう。

きに非常に役に立つからです。旅程を記録しておくときは、どんなルートを移動したのかが分かるように、地図に印や書き込みをして残しておくようにしましょう。

また、宿泊した場所がどこなのかも記録しておきましょう。さらに、面倒かもしれませんが、毎日の走行距離も記録しておきます。記録した走行距離は、自分が再びそこを旅するときに、とても役立つ資料になります。

●日々の記録

インターネットに日記を公開するときは写真をたくさん掲載するようにしましょう。そして、みなさんが旅で感じたこと、苦労したこと、感動したことなどを、主観たっぷりの文章で構成することが大事です。

観光地や名勝の客観的な紹介文は、プロのライターが書いたものがさまざまなガイドブックに掲載されています。そのような文章をいくら頑張って書いても、実はそれほど見てもらえません。むしろ、マ

立ち寄り先では、それがどこだったかを示す看板を一緒に撮っておくと役立ちます。

スコミを通しては世に出てこない、個人的な主観にこそ、インターネットから情報を得ようとしている読者は共感してくれるのです。また、写真においても同様です。カレンダーや絵はがきに載っているような写真は、プロのカメラマンでさえいつでも撮れるわけではありません。みなさんが写真を撮るときは、心に響いたシーンを自然体で切り取り、素直なコメントとともに載せましょう。その方が、読む人には面白いものです。

●日記は風化しない

日記や紀行文など、主観的な文章をすすめる理由がもうひとつあります。インターネットに公開するのが客観的な観光情報だと、その情報には鮮度が問われます。たとえば、紹介したキャンプ場がリニューアルしたら、当然、それに対応して掲載した情報を更新しなければいけません。果たして、それは現実的に可能でしょうか。そのような種類の情報発信は、仕事で請け負うプロのライターなどに任せておけば良いのです。

●ブログとウェブサイトの違い

最後に、ブログと一般的にホームページと呼ばれるウェブサイトの違いについて、簡単に説明しておこうと思います。

現在では、専門的な知識がなくても、誰でも簡単にインターネットで情報を発信できるようになりました。これは、ブログのお陰だといっても過言ではあ

かつての道の駅摩周温泉の駅舎。現在は道路の反対側に移転して、もっと大きな施設になっています。ここで車中泊をしたというのは「記録」ですが、ここに道の駅があるというのは「情報」です。

りません。ブログにはテンプレートと呼ばれるものが用意されており、決められたいくつかの項目を入力するだけで情報をインターネット上に簡単に公開できるのです。ウェブサイトは、ブログのように簡単に作成できるものではなく、ある程度の知識がないと作れません。

ブログとウェブサイトでは、読む人にとってもその見え方が異なります。ブログでは、最新の記事がページの一番最初に表示されており、ページの下に進むにつれて、順次、古い記事が掲載されています。読む人の目には、最新の記事が一番最初に飛び込んでくるようになっています。1頁に掲載できる記事の数には制限がありますが、ナビと呼ばれるスペースに表示されたカテゴリー名やタイトル名をクリックすることによって、過去の記事を見ることもできます。情報の鮮度を大事にしたレイアウトですから、ブログをたとえるなら、新聞のようなものとでもいえばいいでしょうか。一方、ウェブサイトをたとえるなら、それは書籍です。情報の新旧によって、自動的にレイアウトが変わるようなことはありません。いつでも、作者の意思を反映したものを自由に作ることができます。つまり、旅行日記のように普遍的な情報は、新聞のようなブログよりも、書籍に近いウェブサイトの方が馴染んでもらいやすいのではないかと思います。

自分が発信した情報を読んでもらえるのは嬉しいものです。ぜひ、みなさんも取り組んでみてください。

おわりに

『車中泊オートパッカー』というタイトルのウェブサイトを私がリリースしたのが2000年の秋。一度目の北海道旅行を終えて、しばらくしてからのことでした。そのときから、ミニバンでの車中泊の旅が、キャンピングカーの旅よりもバックパッカーやライダーの旅のスタイルに近いものであると確信し、そのノウハウをウェブサイトにコツコツと書き記してきたのです。

それからおよそ15年。団塊の世代が定年を迎えた現在では、当時とは違う年代の方々が車中泊に関心を持つようになりました。アウトドアよりもキーワードは、旅、温泉、そしてのんびり……。しかし、本文でも書いた通り、車中泊はそれほど快適なものではありません。

出版のお話をいただいたときに私がこだわったのは、流行に迎合する内容ではなく、実情に即したモノにしたいということでした。その意味において、毛色の違うコンテンツを書くチャンスを与えてくださったマイナビ、また、この書籍の制作に関わっていただいた方々には深く感謝をしております。そして、協力していただいた多くのキャンプ仲間にも、この場を借りてお礼の意を表したいと思います。

稲垣朝則

稲垣朝則（いながき とものり）
1959年大阪府生まれ。同志社大学文学部卒。ライター、フォトグラファー、ウェブデザイナーのキャリアを生かし、オートキャンプのテクニカル・クリエイターとして活動中。書籍・専門誌の執筆のほか、オートキャンプ場、アウトドア関連企業のサポートなどを手がける。

ミニバン車中泊バイブル 改訂版

2015年5月14日　初版第1刷発行

著　者———稲垣朝則
発行者———中川信行
発行所———株式会社マイナビ
〒100-0003　東京都千代田区一ツ橋1-1-1 パレスサイドビル
電話　0480-38-6872（注文専用ダイヤル）
03-6267-4477（販売）
03-6267-4403（編集）
http://book.mynavi.jp

印刷・製本——中央精版印刷株式会社
写真協力　——株式会社地球丸『カーネル』編集部

※定価はカバーに表示してあります。
※落丁本、乱丁本についてのお問い合わせは、
TEL0480-38-6872（注文専用ダイヤル）、
電子メール sas@mynavi.jpまでお願いします。
※本書について質問等がございましたら、往復はがきまたは返信切手、
返信用封筒を同封のうえ、（株）マイナビ出版事業本部
編集第2部までお送りください。
お電話でのご質問は受け付けておりません。

※本書は株式会社毎日コミュニケーションズ（現マイナビ）より2009年7月に発売されたものに
修正・加筆を加えた再編集版です。

ISBN978-4-8399-5545-8　C2026